入門 大災害時代の文化財防災

髙妻洋成
小谷竜介
建石徹 編

同成社

まえがき

　1923 年に関東大震災が発生した。この地震による文化財の被害については記録が多数残されており、自然災害による文化財の被害が網羅的に調査された最初の災害ともいえる。2023 年の本年は、この大震災からちょうど 100 年の節目となる。

　1950 年に制定された文化財保護法が、法隆寺金堂火災を契機としていることはよく知られているが、日本の文化財保護制度を見直すと、災害などを契機として深まってきたことがわかる。

　1995 年の阪神・淡路大震災では、国宝・重要文化財といった指定文化財だけではなく、未指定文化財も救援しようとする動きがあり、文化財の防災にも目が向けられたという点で画期となった。このときには、現在の文化財防災につながる文化財レスキュー事業の創設や、歴史資料ネットワークの発足など、指定文化財以外を救援する枠組みがつくられた。この仕組みが活かされたのが、2011 年の東日本大震災、2016 年の熊本地震と相次いだ地震災害時で、指定・未指定を問わない大規模な文化財の救援活動が実施された。同時に、国も未指定文化財を含めた多様な文化財の防災に恒常的に関わるべきである、という機運が高まり、2020 年 10 月には国立文化財機構の中に文化財防災センターが設立された。現代において文化財をまもるということは、単にそれを後世に伝えるのみならず、今を生きる私達にとっても、実は精神的な支えとしてきわめて重要だということが、近年、高く評価されるようになってきたのである。

　文化財を多様な災害からまもるには、文化財保護を専業とする行政担当職員、大学等の研究者、博物館や図書館など文化財収蔵施設

の職員といった文化財の専門家とともに、一定のトレーニングを受けた建築士や樹木医等、文化財周辺分野の多岐にわたる仕事に携わる人たちの協力が重要となる。さらには市民やボランティアの協力も欠かせない。

　もとより災害の多い日本であるが、近年は地震のみならず風水害による文化財の被害も頻発している。まさに大災害時代に入っているといっても過言ではない。そして、過去に経験したことのない災害に見舞われることもしばしばである。天災は忘れないうちにやってくる、という状況にあるのである。文化財は失われると二度と取り戻すことはできない。過去を踏まえながら、一層の備えが必要な時代に文化財をまもっていくためには、地方公共団体の文化財担当職員を中心に、文化財と日々関わる組織や博物館等の文化財防災に関する情報を収集し、その上でネットワークを充実させ、市民との連携を強くすることが不可欠である。また事前の減災・防災対策を講じることがきわめて有効であり、それにより災害発生時に、より多くの文化財を迅速に救援できることが明らかになってきている。

　本書を通して、かけがえのない文化財を災害からまもる取り組みや減災対策の手法を知っていただくとともに、私達が今できることを見直し、不測の災害に備えていただけることを強く願うものである。

独立行政法人国立文化財機構　理事長
島谷弘幸

目　　次

入門 大災害時代の文化財防災

序章　文化財防災スパイラル

1.　災害と防災スパイラル

　古来、日本列島においては、地震は日常的に発生しており、豪雨や台風も毎年発生している。これらの地震や台風、豪雨により引き起こされた災害のいくつかは克明に書き遺されており、これらの史料から当時の社会情勢とともにその被害の実態を詳細に知ることができる。いっぽう、遺跡の発掘調査によっても、史料には出てこない地震や洪水の痕跡を見出すことができ（村田 2016）、それらから自分たちのごく身近なところでいかに災害が繰り返されてきたのかをうかがい知ることができる。

　災害は災害対策基本法の第二条第一項において「暴風、竜巻、豪雨、豪雪、洪水、崖崩れ、土石流、高潮、地震、津波、噴火、地滑りその他の異常な自然現象又は大規模な火事若しくは爆発その他その及ぼす被害の程度においてこれらに類する政令で定める原因により生ずる被害をいう」と定義されている。京都大学防災研究所編の『防災学講座4 防災計画論』（京都大学防災研究所編 2003）では、わかりやすい表現で災害を「自然現象や人為的な原因によって、人命や社会生活に被害が生じる事態」としている。人為的な原因はともかくとして、自然現象をなくすことは不可能であるものの、人命や社会生活に被害が生じないように適切な対策を講じていくことで、「災害」をなくすということは理屈としては可能であろう。

　社会が災害により甚大な被害を受けると、まず、応急対応として

人命救助と避難対応が実施され、水道、ガス、電気、交通等のいわゆる社会インフラの復旧が最優先になされる。これらの応急対応がおこなわれた後、地域の復興が開始されることになる。復興のプロセスにおいては、被害状況の調査等から得られた教訓を活かし、同じ災害を生じさないための減災対策が講じられる。これらの減災対策は、経験から想定される被害に対してなされるものであり、想定外の災害が発生することは可能性としてゼロではないため、必ずしも完全な対策となるものではない。そのような意味で、災害をゼロにすることはきわめて困難であることから、次に想定外の災害が発生した場合に迅速に救援活動が展開できるように緊急対応の体制を構築することも重要となる。災害は繰り返されるということを前提に、防災の概念は、発災と応急対応、復旧復興、減災、災害時緊急対応策の準備という四つのプロセスをらせん状に繰り返すことで、災害に対してより強靭な体制を作り上げていくものとなっている。この防災の概念は防災スパイラルとも呼ばれているものである（Aubrecht *et al.* 2013）。この防災スパイラルという考え方は、災害が発生した個々の地域に限定されるものではない。災害の発生要因と減災対策を広く共有することで、社会全体の防災力を高めていくということが重要である。

この防災スパイラルという概念は、当然のことながら、文化財の防災にもあてはまるものであり、ここでは文化財防災スパイラルという考え方から、文化財の防災について考えてみるこ

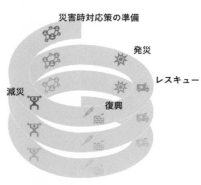

図1 文化財防災スパイラル

とにする。

2.　災害時に文化財が受ける被害

　自然現象等によって引き起こされる災害において生じる文化財の被害は、文化財の種類によってさまざまである。有形の文化財の場合には、地震や水害、津波等により、形そのものが大きく破壊される。経年的な劣化による物理的な損傷の場合には、用いられている材料が基本的には原位置に留まっているのに対し、災害の場合には、もはや元の形状に復元することが困難なほどに粉砕されることもあれば、構成していた材料が散逸して失われてしまうこともある。

　平成 28 年熊本地震では、熊本城をはじめ、石橋や石塔等の多くの文化財建造物が倒壊、崩落、あるいは亀裂等の甚大な被害を受けた。また、熊本県内に多数存在する装飾古墳では、石室が崩落の危機に瀕しているものや墳丘に大規模な亀裂を生じているものがある。建造物や石製の構造物とは異なり、装飾古墳は墳丘という土木構造の中に石室という建築構造をもっていることに加え、石室内に装飾をもっていることから、その復旧作業は困難を極めている状況にある。

　豪雨等により発生するのが、洪水や土石流による災害である。これらの災害では、有形の文化財が水損するという被害を生じる。また、巨大地震により引き起こされる津波によっても同様の被害を生じる。文化財の水損被害は豪雨や津波によってもたらされるだけではない。地震によって建造物の屋根等が損傷して雨漏りが起きると、結果として屋内の文化財に水損が生じる。火災の場合にも、焼損という取り返しのつかない被害を避けるためにおこなわれる消火活動によって水損が生じる。多くの災害において、文化財の水損被

害は常に生じるリスクが高いということができる。紙や木材などの有機質材料から構成される文化財は、水損することでカビ等による腐朽、腐敗を生じ、金属で構成される文化財はさびることにより深刻なダメージを受けやすい。

　上述の文化財の被害は、有形の文化財に関するものであるが、大規模な災害により無形の文化財も危機にさらされる。災害により伝統的技術や技能を持つ方の人命が失われることで継承が不可能になることもあれば、被災地に再び居住することが困難となり、引き継ぐ側、受け継ぐ側ともにその地域に戻ることができず、地域の祭や習わしが途絶える事態も生じる。祭をおこなうための「道具」が失われることで、祭ができなくなることもある。物質的な存在である有形の文化財だけでなく、地域社会の文化を形成している大切な無形の文化財が災害によって大きな被害を受けることで、地域コミュニティが崩壊してしまうことにつながる。

3. 災害時における被災文化財への対応

　被災した文化財への初動の対応の第一は被害状況の把握である。その後の対応は、文化財の種類、文化財を構成している材料、被害の程度によって異なってくる。文化財保護法では、文化財を有形文化財、無形文化財、民俗文化財、記念物、文化的景観、伝統的建造物群の六つに分類するとともに、保護すべきものとして選定保存技術と埋蔵文化財をあげている。災害時においては、必ずしもこれらの分類で対応が決まるわけではない。ここでは、(1) 動産文化財、(2) 建造物、(3) 史跡名勝天然記念物、(4) 文化的景観と伝統的建造物群、(5) 無形文化財と選定保存技術、(6) 埋蔵文化財に分け、災害時におけるそれぞれの対応について述べていくことにする。なお、一般図書や公文書等、文化財保護法に記載されている文化財の

表1　平成28年から令和3年における被災した国指定・登録文化財

災害名	建造物	美術工芸品	史跡	名勝	天然記念物	文化的景観	伝統的建造物群	有形民俗文化財	その他	合計
23 東日本大震災	165		69	22	16		6	4	445	744
28 熊本地震	113	4	31	12	3		3		3	169
28 鳥取中部地震	16	5	8	3	1		1		1	35
28 福島県沖地震	1									1
30 大阪府北部地震	60	6	13	3	3		1			86
30 7月豪雨	61		100	21	10	6	12			210
30 胆振東部地震	7		4			1				12
01 梅雨前線大雨と台風5号	1		3							4
01 山形県沖地震	7		3	1	2					13
01 6月下旬大雨			3	1						4
01 台風15号	61	6	44	4	11		1	1	1	129
01 台風19号	133	2	86	17	24	1	5		2	270
02 7月豪雨	27		43	10	5	4	10		2	101
03 福島県沖地震	62	3	11	4	4		2	1	27	114

定義には入ってこないものも含め、本章では広義の文化財として取り扱うこととする。

（1）動産文化財

　建造物を除く有形文化財と有形の民俗文化財は、移動させることができる、いわゆる動産文化財である。動産の文化財は、博物館、美術館、図書館等の施設で管理される以外に、社寺や個人宅で所有されているものもある。表1は過去5年間の大きな災害で被災した国指定および登録の文化財の被災件数ならびに平成23年の東日本大震災時の同被災件数を示したものである（髙妻 2022）。この表を見ると不動産である建造物、史跡、名勝、天然記念物の被害件数が非常に多いのに対し、美術工芸品の被害はきわめて少ない。これは、不動産文化財が屋外にあるために災害に直接さらされるのに対

表2　指定登録文化財件数

文化財保護法上の分類	種　類	国	都道府県	市町村
有形文化財	美術工芸品	10,808	10,611	49,220
	建造物	2,523	2,531	9,700
無形文化財	芸能	54	32	295
	工芸技術	58	121	219
	その他		10	67
民俗文化財	有形	224	762	5,009
	無形	323	1,680	6,440
記念物	史跡	1,832	2,993	13,090
	名勝	383	283	864
	天然記念物	988	3,010	10,915
文化的景観		70	10	10
伝統的建造物群保存地区		123	3	100
選定保存技術		53	12	19
登録有形文化財	建造物	12,970	110	761
	美術工芸品	17	38	1,947
登録無形文化財	芸能			4
	工芸技術			99
	その他			1
登録民俗文化財	有形	46	12	802
	無形		70	277
登録記念物		123		811
合計		30,595	22,288	100,650

し、国指定の動産文化財が博物館や美術館等において相応の災害対策によりまもられていることを示すものである。表2は国、都道府県および市町村が指定あるいは登録している文化財の件数を示したものである（髙妻 2022）。都道府県指定および市町村指定の文化財は、人的にも財政的にも必ずしも十分な管理体制下にあるわけではない。ましてや、未指定の動産文化財はその存在すら把握できていないものも多い。このような背景の中で多くの災害において膨大な数量の動産の文化財が被災しているというのが実情である。

　災害時の動産文化財への救援活動は、このような国指定および登録ではない文化財を対象にすることが圧倒的に多い。動産文化財は、有機質の材料や金属から構成されているものも多く、水損によ

り腐朽、腐敗、腐食といった劣化が急速に進行する。したがって、できる限り迅速な救援を要するものであるが、発災直後、市町村の文化財保護担当部局の担当者は避難所の対応等に従事せざるを得ず、被害状況の確認もできないという現実がある。また、被災者の感情を考えると、発災直後の深刻な被害状況の中で、所有者に対して個人の「財産」でもある文化財について言及することは、被害者感情を逆撫ですることにもなりかねないため、慎重にならなければならない。

　救援活動としては、被害状況の把握に引き続き、救出した文化財を一時的に避難させる場所の確保、救出活動、応急処置がおこなわれることになる。救出した文化財は水損や泥の付着等の状態を呈しているため、博物館や美術館等に持ち込むことはできない。救出前には、このような汚損状態にある文化財を一時的に運び込んで応急処置を施すことのできる場所を確保しておく必要がある。救出してきた文化財の応急処置は、乾燥して安定した状態に保つことができる状況にすることをとりあえずの目安とするが、文化財の種類と量によっては、本格処置まで一気におこなう場合もある。水損した文化財に対する応急処置としては、いかに腐朽、腐敗、腐食を起こさせないようにするかということが重要なポイントとなる。できるだけ早く乾燥した状態にすれば腐朽、腐敗、腐食を防ぐことはできるが、水損した資料が大量にある場合、乾燥する場所と人員の確保をしなければならない。大量の文書や書籍等の紙資料が水損した場合には、冷凍倉庫での一時保管をおこなうこともある。

　動産文化財の救援にあたっての活動記録の作成はきわめて重要である。大規模災害等により救援活動が長期化する場合、日々の活動記録である日報は、作業上の引き継ぎ事項、必要となる資材、その日の活動内容、ミーティング内容等を記録したものである。まさに進行中の救援活動を作業者全員で共有することにより、作業そのも

のの平準化と効率化を進めることができる。さらに、後述するように日報の分析により、災害の教訓、減災対策、災害時の備え等を検討するための重要な資料となる。

(2) 建造物

　建造物が被災すると、人的な二次被害を防ぐために被災建築物応急危険度判定がおこなわれる。危険性の程度に応じて危険（赤色）、要注意（黄色）、調査済（緑色）の判定結果が見やすい場所に表示され、被災建築物に関する危険度の情報提供がおこなわれることになっている。文化財として指定されている建造物については、文化財保護法や地方公共団体の条例等で保護が図られるが、近現代の未指定の建造物等は、被災建築物応急危険度判定で危険と判定された場合、公費解体等により取り壊され、撤去されてしまうことも多い。また、指定文化財に対しても、文化財保護法や条例等で保護が図られるとはいえ、建造物の復旧には大きな予算が必要となることから、所有者の負担もきわめて大きくなる。したがって、発災後、できるだけ迅速に文化財建造物の被害状況を把握し、応急処置や修理方法を検討するとともに、PDNA（Post Disaster Needs Assessment　災害後復興ニーズ評価）により、被害総額と復旧に要する費用を算定することが必要となってくる。

　東日本大震災では、上述の問題に取り組むため、文化庁が「東日本大震災被災文化財建造物復旧支援事業（文化財ドクター派遣事業）」を実施した。この事業は指定、未指定にかかわらず歴史的建造物に対して実施されたものである。11 都府県において事業がおこなわれ、歴史的建造物の構造別の被害状況、震度分布や立地条件による被害の大小、津波被害の傾向等が明らかになるとともに、建造物の復旧において具体的な被害の場所、修復の方法、修復額の概算の提示などの技術的支援がおこなわれた（関口 2016）。

　その後、文化財ドクター派遣事業は平成28年熊本地震の際にも実施されたが、文化庁が文化財ドクター派遣事業を実施するのは激甚災害の場合に限られている。しかしながら、日常的に震度5弱以上の地震が頻発しており、激甚災害ほどではないにしても文化財に大きな被害が出ることも多い。このような場合に対しても対応すべく、2022年に国立文化財機構文化財防災センターと、日本建築学会、日本建築士会連合会、日本建築家協会、土木学会の建造物関連4団体との間で「災害時における歴史的建造物の被災確認調査および技術支援等に関する協力協定」が締結された。この協定の協力項目として、(1)災害時における歴史的建造物の被災確認調査および技術支援の連携、(2)平常時における歴史的建造物の防災手法に関しての情報共有、ならびに(3)その他本協定の実現に必要な項目、の3項目があげられている。

　震度5弱以上の地震が発生すると、この協力項目の(1)に基づき、発災直後、被害情報の収集と共有、調査エリアの絞り込み、調査体制の調整がおこなわれる。初動の調査としておこなわれるのは、建造物の被害の有無を把握するための外観確認調査である（第1フェーズ）。この調査は、建造物の被害状況を車中から確認する程度の調査であり、その後必要となる悉皆調査のための予備調査という位置づけになる。第1フェーズで収集された情報から支援活動が必要であると判断されると、災害支援本部が設置され、都道府県、所有者又は管理団体からの要請を受け、災害レベルに応じて建造物内部の確認調査、技術支援のための調査、フォローアップ調査がおこなわれる（第2フェーズ）。この段階で個々の建造物の破損状況が個別に把握され、応急処置や復旧に向けた技術的支援等がおこなわれることになる。

(3) 史跡名勝天然記念物

　史跡名勝天然記念物は屋外の自然環境の中に存在しているために、直接的に破壊や滅失等の被害を生じやすい。史跡名勝天然記念物の災害を引き起こすものとしては、地震、台風、豪雨等が代表的なものであるが、地震で地盤に亀裂が入っていたところに豪雨に見舞われることで土砂災害が起きることもあれば、逆に豪雨により地盤が緩んだ状態になっていたところに地震が発生し地すべり等を生じることもある。発災後、被害状況に関する情報収集がおこなわれた後、応急処置がおこなわれるが、この応急処置は文化財への二次被害を防ぐことだけではなく、周囲への二次被害を出さないことにも重点が置かれる。

　史跡名勝天然記念物の被害状況を発災後にできるだけ早く把握しておく必要がある。これは、史跡名勝天然記念物が自然環境の中にあって絶えずなんらかの外的な影響を受けており、被害の拡大が継続している可能性があるためである。土や石が重要な要素となっていることの多い史跡名勝天然記念物は、被災後、徐々に被害が進行し、ある限界を超えた瞬間に一気に崩壊することがある。定点撮影、亀裂幅の計測等を災害直後から実施することで、被害が進行しているかどうかを把握することができる。

　さらに、史跡名勝天然記念物が被災した原因の調査も初動としては重要である。災害対策を盛り込んだ史跡名勝天然記念物の復旧方法の検討に入ることができるまでに相当の時間を経ることもあり、その間に災害の原因の痕跡が失われてしまうこともある。史跡名勝天然記念物の災害の原因の調査には、地質学、地盤工学、土木工学等の専門家にも参画してもらうことが必要である。

(4) 文化的景観と伝統的建造物群

　文化的景観と伝統的建造物群の特徴は、歴史的建造物や史跡名勝

天然記念物、動産文化財に加え、無形文化財等を内包し、それらが有機的な連関をもってエリアとしての文化財を形成していることと、そこに人々の生活が存在していることである。文化的景観や伝統的建造物群が被災した場合、構成要素となっている文化財の被害状況に加えて、生活を含めたエリアとしての被害状況を把握することが必要となる。文化的景観や伝統的建造物群を構成している各種の文化財の災害時対応はそれぞれの文化財に応じておこなうことができるが、生活を含めたエリアとしての被害状況をどのように把握するのかについては、常に議論が必要となる。

　文化的景観や伝統的建造物群のように地域コミュニティの中に存在する文化財の防災については、それらの構成要素となっている個々の文化財に対する災害時の対応に加え、後述する日常的に取り組む減災がきわめて重要であるものと考えられる。

(5)　無形文化財と選定保存技術

　無形文化財と選定保存技術は「人」が重要な因子となっている。「人」がもつ技、「人」がおこなう所作であり、災害時においては「人」の安否確認がまず重要な調査となる。いっぽうで、無形文化財と選定保存技術においては、道具や材料等の「物」もそれらを支える重要な要素である。祭や芸能、あるいは工芸品を製作するためのさまざまな道具に関する被害状況の調査も必要となる。さらに、工芸品の原材料や文化財を保存修理するために製作される材料の原材料についても被害状況を調査しなければならない。これらの原材料には天然のものや栽培品があり、豪雨等により壊滅的な被害を受けると原材料そのものが入手困難となり、無形文化財と選定保存技術の存続が危ぶまれる事態にもなる。

　無形文化財と選定保存技術への災害時の対応については、上述のように「人」と「物」の観点から相当の広がりを持っており、日常

的にその広がりを確認しておくことも必要であろう。

(6) 埋蔵文化財

　土地に埋蔵されている文化財が埋蔵文化財であり、これらを埋蔵していると判断されている場所は周知の埋蔵文化財包蔵地として保護の網がかけられている。地震や豪雨によりこれらの周知の埋蔵文化財包蔵地にも土砂崩れや地すべりが生じることがある。発災後には、土砂崩れや地すべりが生じている場所が周知の埋蔵文化財包蔵地であるかどうかを確認する必要がある。周知の埋蔵文化財包蔵地であることが確認された場合には、二次被害のリスクがないことが確認された時点で、被害状況を確認するための調査がおこなわれる。

　また、このような被害が生じた場所については、災害復旧工事が実施されるが、この災害復旧工事が埋蔵文化財に与える影響をできるだけ小さくするための調整もおこなわなければならない。

4. 復旧復興と減災対策

　文化財防災スパイラルにおいて、災害時における被災文化財への対応のプロセスに続くのが、復旧復興と減災対策のプロセスである。ここでいう復旧とは被災した状態にあるものを被災前の状況に戻すことであり、これに対し復興は地域コミュニティそのものが復活し、再び機能し始めることを意味するものとする。復旧、復興ともに被災前よりもより防災力が向上したものとなっていることが必要である。

　大規模な災害が起きると、まず人命救助と避難対応が何よりも優先されなければならない。また、水道、ガス、電気、交通等の社会インフラの復旧も急ピッチで進められる。このような状況の中で被

災文化財に対して進められるのが、前節で述べた災害時における被災文化財への対応である。社会インフラの復旧が進み、瓦礫が撤去されると、被災地の復興が開始される。被災地の復興は、ただ単に家、学校、商業施設等が新たに建てられることでなされるものではない。地域コミュニティを復活させるためには、その地域の文化を復活させなければならない。その地域に根差していた暮らし、祭、ならわし等、あるいはかつてその地域に建っていた記憶に残る建物や景色を町づくりの中に取り込んでいかなければならない。地域の文化を復活させることは、住民の帰還を促すことにつながるとともに、地域の復興の原動力となるものである。

　被災した地域の文化財の修復は大きく二つに分けることができよう。一つは専門家による修復である。被災した文化財の中には複雑な構造を持っているものもあり、また、脆弱になっているものもある。襖絵や掛軸等の表具の修復には熟練した技術を要する。このような被災文化財の修復については専門家の手に委ねる必要がある。もう一つは被災地において住民自らが手掛ける修復である。文書や書籍等、泥やカビで汚損されている資料のクリーニング、乾燥および調整の作業を専門家や経験者からの研修を受けることで、十分に処置できるようになる作業がある。もちろん、状態のきわめて悪い資料の修復については専門家に任せなければならないが、自分たちの地域の文化財を自分たちの手で修復し、復活させていくことは、自分たちの暮らす地域の歴史や文化を自らの手で復活させているのだという実感を持つことにつながるのではないだろうか。

　文化財が被災することを減らす、いわゆる減災の取り組みにおいては、文化財が所在している場所の災害リスクの確認と検討がまず重要となる。国土交通省のハザードマップポータルサイト（国土交通省）では知りたい場所の災害リスクを確認することができ、得られた災害リスクに対して、施設や設備の改善を図ることにより文化

財の被害を防ぐことができる。減災対策の技術開発を推進することにより、より強靭な防災体制を構築することができる。しかし、いっぽうで施設や設備の改善がすぐにはできないことも現実にはあり、それらの改善だけではリスクを解消できないこともある。台風や豪雨による浸水被害が想定されるならば、あらかじめ災害時活動マニュアル等を作成しておき、文化財の一時的な避難をおこなう等、被害をできるだけ少なくすることも考えなければならない。

　文化財としての建造物が被災すると、その修理には大きな予算と時間が必要となる。また、文化財としての建造物でなくとも、博物館、美術館、資料館、図書館等の施設には多くの文化財が所在しており、これらの建物が被災すると建物の復旧に加え、被災した文化財の修理をしなければならなくなる。文化財の収蔵や展示においては、建物そのものを免震構造にしたり、展示に免震台を導入する等の根本的な対策から、落下防止用のひもを棚に張り渡す等の簡易な方法までさまざまな方法がある。文化財を災害からまもるためには、それなりの施設整備や設備の導入が望ましいが、いっぽうでわずかな一工夫で劇的に被害を減じることもできる。まずはできることから始めるということが減災の第一歩である。

　史跡名勝天然記念物のうち、史跡と名勝の復旧にあたっては、被災前の状態に戻すことが基本となる。しかしながら、被災状況を把握する際、実際にその時に生じた被害であるのか、それ以前に生じていた破損なのかが判然としないことも多い。日常の管理において、史跡と名勝の状態を常に把握しておくことで、災害時の被害を把握でき、それらに対する復旧をできるだけ早く進めることができるようになる。日常的に課題となっていることについては、災害復旧後の再整備によりあらためて取り組むとともに、その段階においてさらなる災害対策を講じていくことが重要である。

　いっぽう、天然記念物は学術上貴重な動物、植物および地質鉱物

と定義されている。このうち動植物が被災した場合、その生活環境が復旧するかどうかということが焦点となる。自然の微妙なバランスの中に動植物の生態があることを考えるならば、環境の復原のためにある程度、長期的に取り組んでいくことも必要となる。また、被災により樹勢が衰えた樹木をクローン増殖により後継樹を増殖させ、本来の生息地での保存を図ることもおこなわれている（国立開発研究法人森林研究・整備機構 2009）。また、樹木が直接被災していない場合においても、その樹木が生育している場所の近くでおこなわれる災害復旧工事が樹木に大きな影響を及ぼすこともあるため、施工にあたっては注意が必要である。

　前節で述べたように、文化的景観と伝統的建造物群には有形の文化財とともに無形の文化財とその地域における生業が総体として含まれている。災害時において、有形の文化財については上述したように応急的に対処することができるが、無形の民俗文化財や地域における生業については、地域コミュニティ維持の観点から日常的な「絆」の形成が不可欠である。地域がどのようにあるべきかについて地域住民間のコミュニケーションを図り、災害時における地域全体での活動を共有しておくことで、二次被害の拡大を抑制し、復旧や復興を促進することにつながるものと期待できる。

　地域の復旧復興においては、さまざまな土木工事が実施されるが、文化財保護法で定められている通り、周知の埋蔵文化財包蔵地においては所定の手続きのもとで発掘調査をおこなわなければならない。大規模な激甚災害の場合、文化庁は迅速な復旧復興を妨げることなく埋蔵文化財を保護するための発掘調査を実施するように通知を出すとともに、全国の地方自治体に埋蔵文化財発掘技術者の派遣等の協力要請をおこなっている。埋蔵文化財の発掘調査はともすると復旧復興の妨げになるとの批判を受けるが、発掘調査により新たな地域の歴史と文化を文字通り掘り起こすことで、その地域のア

イデンティを高め、地域コミュニティの復活に大きく寄与すること
ができるものである。復旧復興にともなう埋蔵文化財の発掘調査
は、復旧復興事業の単なる一つのプロセスではなく、地域の復興に
必要不可欠なものである。

　日本では地震が毎日のように発生している。地震の活動期に入る
と、地域によっては震度5強クラスの地震が毎年発生するところも
ある。多くの建造物や石造物が、修理直後やあるいは修理の最中に
再び地震により損傷する事案も起きている。文化財としての真正性
を重視するならば、同じ材料と同じ工法で修理をおこなうのが文化
財の修理の原則であるが、地震の度に修理を繰り返すことは所有者
にとってはきわめて大きな負担となる。また、繰り返し被災するこ
とで、損傷が次第に大きくなり、結果として文化財としての価値を
損なうことも懸念される。いっぽうで防災スパイラルの考え方に立
つならば、被災前よりも災害に対して強靭な状態にするためには、
本来の構造に改変を加える必要がある場合もある。被災した史跡と
名勝の復旧に際しては、真正性の保持と減災の観点からの強靭性の
向上について議論することが必要となる。真正性を保持するために
文化財への介入をせずに災害前の状態に復旧させることになったと
しても、次の災害において被害をいかに軽減するかについての対策
を検討しておかなければならなない。

　復旧復興においてさらに重要なことは、災害の記憶を留めるとい
うことである。「天災は忘れた頃にやってくる」といわれる通り、
災害の記憶が失われ、その備えが疎かになることで防災力が低下し
た結果、想定外の災害となることになる。津波碑等の災害記念碑は
災害の記憶を伝えるために建てられたものである。これに対し、実
際に被害にあった状態で建物遺構を残すという取り組みもなされて
いる。このような災害遺構は、悲惨な状況を思い起こさせるという
側面もあり、必ずしもすべての人に受け入れられるものではない。

災害遺構を残して災害の記憶を伝えると同時に被災者の心情に対しても十分な配慮が必要である。

　また、このような災害の記憶を残すものとして天然記念物に指定されているものもある。1891 年に発生した濃尾地震の時に現れた特別天然記念物根尾谷断層や 1995 年の兵庫県南部地震で震源となった活断層である天然記念物野島断層等である。1930 年の北伊豆地震では天然記念物丹那断層が指定されているのに加え、函南町指定文化財の天然記念物火雷神社の丹那断層がある。この丹那断層は火雷神社の鳥居とそれに続く石段の間を走っており、断層によって鳥居が破壊され、社殿に続く石段と社殿が大きく左にずれるという状況になった。この状況はそのまま保存されており、現在では社殿に上がるための新たな石段が別に設置されている。神社という地域にとってはきわめて大切な存在を被災した状態で保存するという決断に至るまでには地元の大きな葛藤があったものと思われるが、そのような存在であるからこそこの地震の記憶を強く伝え続けているといえるのではないだろうか（桂 2007）。

5.　緊急事態への備え

　減災対策は想定される規模の災害に対して講じられるものであり、想定を超える災害が発生すると、減災対策ではカバーしきれない被害が生じることは十分にある。災害時には人命救助と水道、ガス、電気、交通等のインフラの復旧が最優先されるため、文化財の救援は災害時の混乱がある程度落ち着いた時点で開始される。被災した文化財の救援はできる限り迅速におこなわれることが望ましい。発災時において最初に重要となることは、どのような文化財がどこで被災しているのかという情報を収集することである。次いで、そのような情報を関係者で共有し、適切な救援体制を整えて活

動をおこなうことになる。このような一連の活動の体制を災害が起きてから構築していたのでは後手にまわり、文化財の被害の深刻さが増すことにつながる。文化財の防災のために、地域におけるネットワーク、地域間の広域なネットワークならびにさまざまな分野の専門家からなるネットワーク等を日頃から構築するとともに一連の救援体制を整えておくことが求められる。これが緊急事態への備えであり、文化財防災スパイラルの中でも重要なプロセスとなっている。

　文化財の救援には、ボランティアから専門的知識や技術を有する専門家まで、さまざまな人材が必要となる。特に専門家には、緊急時の被災地における文化財の取り扱い方や認識、あるいは、応急処置についての知識等が要求される。大規模災害のような緊急時においては、被災したすべての文化財の救援を専門家だけで対応することは不可能である。多くのボランティア等の協力が必要不可欠である。救援は発災時の行動であるが、応急処置法のトレーニング等は日常的におこなっておくことで、災害時に迅速な対応をとることが可能となる。多くの市民の方を対象に日常的にこのような講習会やワークショップをおこなうことは、防災に対する意識を高めるだけでなく、文化財の大切さなどを啓発することにもつながるものである。

6.　災害は繰り返される

　文化財防災スパイラルという考え方から、救援、復旧復興、減災対策および緊急事態への備えについて述べてきた。災害は繰り返し起きるということを前提に文化財の防災に取り組んでいかなければならない。文化財を災害からまもるということは、確かに大切な文化財を継承していくという観点から重要である。いっぽうで、地域

の文化が復旧復興の大きな原動力になることも確かである。

　社会インフラである水道、ガス、電気、交通等は生活において必要不可欠なものであるが、防災において文化財が果たす役割を考えるならば、文化財もまた社会インフラたりえるものであると思われる。文化財を社会インフラとして位置付けていくためには、文化財が自分たちの大切な存在となっていることが地域コミュニティの中で認識されなければならない。文化財防災スパイラルを通して、文化財を災害からまもるための防災力を高めていくだけでなく、文化財が地域コミュニティの防災力を高めていく役割を担っているのである。

参考文献

桂　雄三 2007「災害と文化財―天然記念物を中心として」『立命館大学・神奈川大学 21 世紀 COE プログラムジョイントワークショップ報告書　歴史災害と都市―京都・東京を中心に』105-113 頁

京都大学防災研究所編 2003『防災学講座 4　防災計画論』山海堂

高妻洋成 2022「文化財を災害からまもる」『ベース設計資料』No. 190　51-54 頁

国土交通省「ハザードマップポータルサイト」https://disaportal.gsi.go.jp/index.html（2022 年 7 月 26 日閲覧）

国立開発研究法人森林研究・整備機構 2009「国立開発研究法人森林研究・整備機構林木遺伝子銀行 110 番取扱要領」https://www.ffpri.affrc.go.jp/ftbc/iden/documents/110 toriatsukaiyouryo.pdf（2023 年 2 月 21 日閲覧）

関口重樹 2016「建造物や町並みの被災と復旧」『第三回国連防災世界会議の枠組みにおける国際専門家会合　文化遺産と災害に強い地域社会　報告書』独立行政法人国立文化財機構　187-189 頁

村田泰輔 2016「考古資料から抽出される災害情報とそのデータ化」『人間文化研究情報資源共有化研究会報告集』6　41-77 頁

Aubrecht Christoph, Özceylan Aubrecht Dilek, Klerx Joachim and Freire

Sérgio 2013 Future-oriented activities as a concept for improved disaster risk management. *Disaster Advances*, vol.6 （12）, pp. 1-10.

第1章　大災害の現場から
——東日本大震災をケーススタディに——

　2011年3月11日午後2時46分、筆者は宮城県大崎市鳴子温泉にいた。こけしという宮城県の木地玩具の製作記録撮影の立ち会いを終え、当時の職場、宮城県庁に向かって走り始めた直後であった。走行中の車からはタイヤの異音が響きだした。

　「パンクした！　停車しなきゃ」

　ちょうど信号が赤になり、車を停めることができた。しかし異音は続いている。地鳴りも加わっている。目の前をみると、信号機が真横になるほど振られている。

　「宮城県沖地震だ！」

　とっさにそう思った。揺れは数分間続き、車中にいても首が振られるほどであった。ようやく揺れが収まり、辺りを見回した。信号機の明かりが消えていた。慌ててカーラジオをつけ、大きな地震が起こったことを知った。同時に「大津波警報発令」のアナウンス。「大津波」という聞き慣れない警報に、ただごとならない気持ちになった。

　仙台の職場に戻ったのは午後8時半頃であった。通常1時間半ほどの道のりを6時間ほどかかったことになる。信号が止まっているなか、皆で譲り合いながら渋滞の道を進んだためである。おかげで、ラジオから津波による想像を絶するような被害が発生していることを知ることができた。

　さて、これからどんな仕事が待ち受けているのだろうか。3月11日の深夜、全てが停まっていた暗闇の市内を徒歩で帰宅しながら考

えていた。

1. 被災地

　3月30日、本格的な沿岸被災地へ指定文化財の被害状況調査に初めて出向いた日である。3月13日から始められた、国指定、県指定の被害調査は、震度7を記録した地震による文化財被害が建造物を中心に想定されたことから、事態が把握されていない沿岸の津波被害地域に先立ち、地震被害地域で進められていた。いっぽう、沿岸、津波の来襲が予想される場所にある指定文化財もあることから、救援ルートが確保されるまで待つことになり、30日にようやく調査に行けるようになったのである。

　この段階で、主要な道路は対面で車が通行できるようになっており、瓦礫が道ばたに寄せられていた。この日の調査では、指定文化財の調査ももちろんであるが、石巻文化センターを訪ねることが最大の目的であった。石巻港の海岸から200メートルほどに位置していた石巻市立のミュージアムである石巻文化センターは、発災直後から間違いなく津波被害を受けていることがわかっているミュージアムでもあった。その後、市の職員と連絡がとれ、被害の概要はつかめていたが、この日、その状況を目の当たりにした（図1）。

　石巻文化センターは、収蔵庫を持つ本格的なミュージアムであるが、宮城県の沿岸地域には、展示のみおこなう展示施設や、逆に収蔵庫だけの施設がいくつかあり、そうした場所の被害情報が徐々に入ってくるようになっていった。この後に対処が待たれている多数のミュージアムのことも考えながら、石巻文化センターへと足を踏み入れたのである。現場の様子を改めて見たとき、瓦礫の撤去、汚損、破損した資料の取り扱いと、経験のない取り組みが必要であることが実感された。

図1　被災した石巻文化センター（2011.3.30 撮影）

　3月から4月、発災から1か月ほどを経たこの時期は、まだ被災地全体が先の見えない状況でもあった。家を失った方々への仮設住宅の建設は決まっていたが、その建設がいつになるかは定かではなかった。体育館等に開設された避難所に多くの人たちが避難生活をおこなっている状況のなかで、どのタイミングで文化財の救援に動き出すかは、慎重な判断が求められていた。現在でこそ、災害時に文化財をまもることが当然のこととなりつつあるが、東日本大震災の時点では、被災地における捜索活動との関わりから、その動き出しは批判の対象になることを恐れ、慎重に進める必要があると考えられていた。

　同時に、被災調査で訪れたなかに、沿岸の津波被災地から一山内陸に入った地域がある。そこには彫刻と天然記念物という二種類の文化財を所有している所有者がおり、状況をうかがった。地震により所有する文化財がともに被害を受けているとのことであった。しかしながら、どう対処すればよいか苦慮するなか、地域では沿岸からの被災者を受け入れ、臨時の避難所を設営するなど、地域を挙げて対応をおこなっていることから、そのことに声を上げられないも

どかしさを感じていたという。そのなかで訪れた我々は、この状況に何もすることはできず、「落ち着いたら対応しましょう」と言葉をかけただけで立ち去るより他はなかった。しかし、所有者は、文化財に気を掛けてくれている人がいる、ということに安堵したとのことである。後日、この話を聞いたときに、災害から文化財をまもろうとしている所有者に対し、我々ができることがあることを感じるとともに、文化財への対処は躊躇する必要はなく、批判を恐れずに実施していくことが求められていることを確信した。

2. 文化財の被災状況

では、東日本大震災では、どのような文化財の被害が生じたのであろうか。地震による被害も広範に起こっているが、それ以上に津波による文化財への被害は、これまで我が国においてその対処に関してほとんど経験のない事態であり、大きな課題となった。特に、宮城県石巻市の石巻文化センターや岩手県陸前高田市の陸前高田市立博物館のように、歴史のある収蔵展示機能を持った博物館の被災は、経験したことのない量の文化財被害を生じさせた。さらには展示のみをおこなう館を含めると、浸水被害は10以上のミュージア

図2 3階部分のみ残った登録有形文化財男山酒造（2012.5.31 撮影）

ムにのぼり、また市町村が設置する文化財収蔵庫も多数が被害を受けた。さらに内陸部でもいくつかのミュージアムが倒壊などの被害を受けていた。ミュージアムの収蔵資料の転倒、落下は数知れず発

図3　冠水が続く特別名勝松島・野蒜地区　奥の松林が被害を受けてまば
　　　らになっている（2012.1.15 撮影）

生していた。

　不動産の文化財に目を転じると、建造物の被害（図2）も多数出
ている。国、県、市町村による指定文化財に限ると津波の被害を受
けた建物は少なく、国登録の建造物で流出、倒壊といった被害が7
件ほど確認された。いっぽう地震被害は多数にのぼり、小さなもの
を含めると宮城県内にある数百件にのぼる指定、登録建造物のほぼ
全てになにかしらの被害があったといっても過言ではない。それゆ
えに建築されてから一定程度経過した未指定・未登録の歴史的建造
物全体の被災もまた、膨大なものとなることは明白であった。

　史跡名勝天然記念物では、特別名勝松島や名勝高田松原のように
三陸地方の海岸部に位置するものは津波の被害を受けた（図3）。
内陸部の名勝庭園や整備された史跡でも、地割れなどの被害が散見
された。埋蔵文化財については、包蔵地が津波の被害を受けるとい
うことは多数にのぼったが、それ自体を被災ということはできな
い。しかし、これだけ大規模な災害である以上、その後にはじまる
復興事業の進展において、大規模かつ多数の発掘調査が同時に進行

図4 仮設住宅でおこなわれた春祈祷の獅子舞
（2013.1.15 撮影）

していくことが予測された。さらには、調査により復興事業の大幅な遅延を招く事態は避ける必要があることから、こうした事態を視野に入れた体制づくりが当面の課題となった。

　無形の文化財では、三陸地方を中心とした津波被災地は、無形民俗文化財、特に民俗芸能が色濃く伝わる地域として知られていた（図4）。指定されているものもあるが、他の文化財同様に未指定のものも多い。被害の状況からは、用具の流出が各地で見られることが想定され、また人的な被害も予想された。同時に、民俗芸能がおこなわれる祭礼行事自体の実施が困難になる状況が予想されるとともに、そうした祭礼行事の再開がいつになるのか見通せない状況にあった。こうした行事が数年おこなえない場合には再開に対する熱意の低下が予想されることから、年単位の復興事業が予想されていた当時も、いずれ再開の支援を考える必要があることは予想された。

　このように、ほぼ全文化財類型の文化財に対する膨大な量と内容の被害がみられ、その対処を年単位でおこなうことが明確になっていった。もちろんこの全貌が明らかになるのも1年以上の時間が必要だったのであり、当時は、状況を把握しながら、いっぽうで各文化財に対する対処を進めていくという有様であった。こうして、東日本大震災による被災文化財への対処は動き出していったのである。

3.　動産文化財の救援活動

　3月13日、文化庁の公開承認施設を担当する文化財保護調整官より、2011年に公開承認施設の許可を予定していた石巻文化センターの被災状況についての照会が入った。石巻市立の博物館である同館は、確実に津波の被害を受けていることが明らかな立地にあるが、いまだ同市、というよりも当時は、宮城県内どこの市町村とも連絡が取れておらず、状況は全く不明であった。発災直後から続く停電状態のため、電話連絡がおこなえない状態であったのである。この時、文化庁では、東日本大震災による文化財被害を想定し、阪神・淡路大震災時におこなわれた文化財レスキュー事業を立ち上げるための準備を進めているとのことで、宮城県でも受け入れの準備を検討するよう依頼されたところであった。以下、筆者が直接携わった文化財レスキュー事業の経過を紹介しよう。

　「文化財レスキュー事業」。初めて聞いた単語は、何をどうするのか、その単語からはおおよそやることは理解されるものの、受け入れの準備として何をすべきなのか、全く不明ななかで、災害時の文化財救援への対処が始まった。

　このころ、関西広域連合から被災地支援のためのカウンターパートを兵庫県が務めるとの連絡があった。兵庫県の各課が対応する宮城県の各課に情報提供や、阪神・淡路大震災時の経験を伝えるというものである。宮城県の文化財保護課にも、兵庫県の文化財保護室より、阪神・淡路大震災の時に文化財への対応に係る報告書等の情報が寄せられた。その報告の中に「文化財レスキュー事業」という単語も含まれていた。さほど長くないレポートであるが、手元にある唯一の資料として熟読した。そこにあるのは、文化財レスキュー事業とは、「被災した文化財を安全な場所に移送し、応急処置を施

す事業」ということであった。移送先の保管施設（一時保管施設）を確保し、応急処置を施す場所を確保することが筆者に求められる役割であることが理解された。

　東日本大震災における文化財レスキュー事業が阪神・淡路大震災と大きく異なる点として、文化庁の直営事業から、外部に任意団体である救援委員会を立ち上げるという方式に変わった点がある。国立博物館と文化財研究所が独立行政法人になったことが理由としては大きいのだが、そのためもあり組織の立ち上げには苦労しているようであった。活動経費について募金を中心としてまかなうための窓口づくり、救援委員会の組織づくり等を進め、3月下旬に体制が整った。そして、3月29日に宮城県教育委員会教育長より文化庁次長あての救援要請に基づき、3月30日に文化財レスキュー事業の開始が文化庁より発表された。

　この期間、筆者をはじめとする宮城県では、場所の確保と、レスキュー活動の実働を鑑み、県内の体制づくりに取り組んだ。場所、人という観点、また市町村の職員は避難者対応、復旧対応、そして年度末に関わる実務、指定文化財の被災調査等を鑑みると、すぐに対応は困難であることが想像された。このこともあり、宮城県における文化財レスキュー事業は博物館の力を借り、博物館を中心に対応していくことにした。各館と連絡を取り、県立の東北歴史博物館、宮城県美術館、仙台市立の仙台市博物館の協力をもらえることになった。この3館は、複数の学芸員を擁し、一定の施設の規模を有することから、この状況に中心的に対応いただけると考えたためである。

　その後、文化庁とも協議の上、仙台市博物館に現地本部を置くとともに、東北歴史博物館、宮城県美術館に一時保管場所の確保を依頼し、了承を得ることになった。この段階ではどの程度の一時保管場所の確保が必要となるのか皆目見当もついておらず、両館に提供

いただけるスペースである程度まかなえると楽観していたことを覚えている。しかしながら救援活動のもう一つの柱、応急処置については、どのような活動がおこなわれ、どのようなスペースを用意すべきであるのか、検討すらしていないということが実態であった。

　この頃になると、岩手県の情報、特に陸前高田市立博物館の被害の状況が伝わるようになってきた。岩手県では、確実に津波被害を受けた陸前高田市立博物館および同図書館の収蔵資料の救援の動きが、個人的な両館との関わりの中から発生し、3月下旬には現地からの被災文化財の救出作業がおこなわれていた。前記のとおり、この段階で宮城県では、石巻文化センターに訪問すらできておらず、焦りに似た気持ちを持っていた。しかしながら、被災地の安全確保という点もまだ明らかになっておらず、筆者の属していた文化財保護課でも、津波被災地への訪問は時期尚早である、という認識であった。そのなかで、確実に津波の被害に遭っていそうな指定文化財や博物館等のリストアップをおこなっていたのである。

　3月30日、石巻文化センターを訪問した。このときまでに、被災した同センター事務室は住民の避難所にもなっている近在の高校にあることを確認し、その仮事務室を訪ねた。そこで状況確認の聞き取りをおこなうとともに、文化財レスキュー事業について伝え、救援依頼を口頭で受け取ることになった。これを受けて、4月6日に宮城県庁にて、宮城県、文化庁、東京文化財研究所が協議をおこない、以後の方針を定めた。こうして、宮城県で文化財レスキュー事業が開始されることになったのである。

4. 活　動

　4月12日、仙台市博物館に救援委員会の現地本部が設立された。以後、仙台市博物館を拠点に宮城県における文化財レスキュー事業

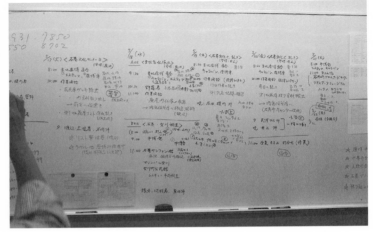

図 5　現地本部ミーティング後の白板（2011.5.16 撮影）

が進められていく。筆者は宮城県の立場として、救援委員会の受け
入れに携わった。県の役割のひとつとして救援委員会事務局から要
望されたのは、救援対象リストの作成であった。そして、現地本部
と連携しながら、県内各地の被災資料への対処を進めていくことが
求められた。

　とはいえ、この日、本部にあてがわれた同館の研修室には、何も
ないなか、ぽつんと国立文化財機構の職員がおり、机を並び直して
いたことが印象に残っている。寄付金を基に活動をすることが決
まっていた救援委員会は、3 月 30 日より始まった寄付金がどれほ
ど集まるのか見通しのたたないなかで、どこまで現地本部に資材を
用意し、活動を進めるのか、手探りをしながら、動き出したのであ
る。ここから出発し、最終的には多額の寄付をいただくことになっ
た。そして、国立文化財機構職員が現地本部に常駐しながら、各団
体から派遣された人たちによって、何カ所も同時並行に進められる
救援活動を担っていくことになる（図 5）。

　ごく初期の動きに戻
ろう。最初のターゲッ
トとなった石巻文化セ
ンターでは、救援活動
受け入れの準備が進め
られた。救援委員会の
構成団体に参加の可否
を問い合わせ、また宮
城県内の市町村・博物
館などにも救援隊への

図6　石巻文化センター収蔵庫前での瓦礫撤去
作業（2011.4.20 撮影）

参加の呼びかけをおこなった。こうして、4月20日、最初の活動
が石巻文化センターでおこなわれた（図6）。ここでもミスが発生す
る。石巻市の職員により受け入れの準備が進んでいたとはいえ、館
内は外から流入した瓦礫に覆われ、資料がある収蔵庫の扉にも行き
着けない状況にあった。そのため、最初の作業として、前室などに
ある瓦礫を撤去しなければならない。しかし、道具は何一つなかっ
た。筆者は慌てて県の埋蔵文化財担当と連絡を取り、発掘用具を借
りることにした。運んでもらうまで数時間、皆は、石巻文化セン
ターの駐車場で時間を潰していたことを覚えている。このように、
文化財の救援活動をするにあたり物資として何が必要であるのか、
そこから出発したのである。今思い返すと恥ずかしい限りである。
　それでも連日案件に対処し、多くの人が活動に参加するようにな
ると、徐々に体制も整い、順調に作業は進んでいくようになった。
また、当初は実物資料のみを対象に救援活動を進めており、資料
カードや写真などは対象としていなかった。しかし、活動を進める
なかで、こうした二次資料自体も救出する必要があるのではないか
という話になっていった。実際に、応急処置が終わった後、資料の
データがない資料は、そもそも何なのかはっきりしないということ

図7 救援を待つ石巻文化センターの記録資料
（2011.6.13撮影）

も出てくるようになり、救出はしたものの、ということも見られるようになっていったので、メタデータの救出は実物資料と一体のものとして考える必要があることが確認された（図7）。

　6月になると、緊急性の高い活動も減っていった。この時期考えなくてはならなかったのが、救援委員会・現地本部撤収後の対応であった。いつまでも非常態勢でいられるわけでもなく、事実、多くの人員を出し、多大な協力を惜しまなかった東北歴史博物館、宮城県美術館、そして現地本部を提供していた仙台市博物館にしても、5月の連休頃には完全ではないにせよ開館し、通常の業務をおこなうようになっていた。同時に6月段階で被災した文化財の応急処置が終わるわけではなく、今後何年にもわたる対応が必要であることも明確になっていった。最終的には宮城県内で対処する時限的な組織である宮城県被災文化財等保全連絡会議を発足させ、以後の救援活動、一時保管資料の管理、応急処置の実施等について、県内の関係者全体で対処する体制をつくり上げた。⁽²⁾

5. 建造物の調査支援

　石巻文化センターの救援活動をおこなっているなか、文化財救援のもう一つの枠組みが動き出した。4月27日に文化庁より発表された「東日本大震災被災文化財建造物復旧支援事業」は文化財ドク

ター派遣事業として知られ、歴史的な建造物を対象にした支援事業である（以下、本事業は文化財ドクター派遣事業と表記する）。動産の文化財が安全な場所に移動できるのに対して、不動産の文化財は同様の対処ができない。また、建造物の被害状況は専門家による調査が欠かせない。壁や屋根の破損は素人が外観を見てもわかるが、構造に被害を受けているのかを判断することは専門家でないと不可能である。そこで、歴史的建造物を専門とする研究者が属する建築学会を中心に、歴史的建造物の修理などに関わる専門知識の講習を受講したヘリテージマネージャーを養成している建築士会、同様に文化財修復塾を開講している建築家協会の協力を得てドクターチームを結成し、被害の状況確認をおこなうとともに、その後の修理への道筋をつけるための現地調査をおこなうことになった。[3]

　近年の地震災害では、行政が音頭を取った、被災建築物応急危険度判定がおこなわれる。赤、黄、緑の3色の調査済証を入り口に貼るもので、「赤紙が貼られた」などの表現で知られる。二次被害防止のための調査で、建物が危険な状態にあることを示す赤紙は、無防備に中に入ると、余震ほかにより二次被害が発生する可能性があることを示している。ここで重要なのは、赤紙は即座に倒壊する、修理不能であるということを必ずしも示すものではないということである。実際、地震保険の被害認定は、その後の調査によっておこなわれるわけで、あくまでも「応急」の判定をおこなっているにすぎない。しかし、多く

図8　2021年福島県沖地震時の被災建造物調査の様子（2021.3.25撮影）

の人は、被災建築物応急危険度判定により赤紙が貼られると、そこには入ることができない被害が生じており、解体しか選択がないように感じる。文化財ドクター派遣事業による調査の大きな目的のひとつは、この誤解を解き、修理が可能であることを所有者に伝えるということもある（図8）。

　この事業が生まれた背景には、1995年の阪神・淡路大震災の経験がある。このとき、指定文化財以外の歴史的建造物が多数残る神戸の町において、どこにどのような歴史的建造物が残っているのかわからず、また調査ができる人もいないという課題が明らかになった。そこで、建築学会が歴史的建造物のデータベースを整備することにし、既存の報告書に掲載されている建造物の情報を中心にデータを整備している。同時に、文化庁でも登録制度を整え、緩やかに文化財の保護をはかる体制をつくり、2022年時点で、全国に13万棟を超える建造物が登録されている。そして、調査をおこなえる歴史的建造物の修理に関する知識を得た人たちを養成するため、ヘリテージマネージャー制度が兵庫県を皮切りに導入された。ヘリテージマネージャーは現在では全国全ての都道府県で導入され、活発に活動がおこなわれている。こうした積み重ねの結果、東日本大震災では、その蓄積を基に文化財ドクター派遣事業が初めて実施されたのである。

　文化財ドクター派遣事業は大きく二段階の調査により実施された。一次調査は外観目視による被害確認である。二次調査は被害の大きな建造物を一次調査実施対象から選定し、実施する外観内観の詳細調査である。調査対象は先に触れた日本建築学会による「歴史的建造物総目録データベース」を基本に選定した。調査地域は東日本大震災で震度5弱以上を記録した市町村とした。東北地方、関東地方で、1都12県で、最終的に4,124棟の建造物において一次調査が実施された。その多くが未指定文化財であり、また、都道府県指

定文化財や市町村指定文化財も多く含まれている。

　被災した建造物の修理はどうしても費用が大きく、かつ未指定文化財の場合は所有者が全額負担しなくてはならない。いっぽう東日本大震災では、公費による無償解体制度があったことから、無償による解体か、有償の修理かという二者択一を所有者は判断することが求められた。そうした中での本事業による調査は、全てがうまくいくわけではないが、調査を通して解体を思いとどまり、修理をして保存することを決意した所有者もおり、専門家による調査の意義を示してくれる例である。

　建造物に関しても、文化財レスキュー事業と同様に、東日本大震災においてシステマチックで大規模な救援活動がおこなわれた。これらの活動は、阪神・淡路大震災からの経験によるものであり、以後の文化財に対する災害対応のひな形となるものとなった。

6.　無形文化財の被災

　ここまで見てきた文化財に対する活動と異なり、無形の文化財、特に無形民俗文化財に対する救援活動は、東日本大震災に際して注目を集めた活動である[(4)]。東日本大震災の津波被災地では、家並みが失われ、生活用具が全て流出する事態となった。こうしたなかでは、祭礼行事や民俗芸能といった無形民俗文化財の当面の再開は困難であろうと、当時の筆者は考えていた。それ以上に劣化の進む、美術工芸品や歴史資料、民具などの対処、文化財レスキュー事業への対応が優先されると考えていた。もちろん、被害状況の集約を進めており、指定されているいくつかの無形民俗文化財では、用具の流出や人的な被害など深刻な状況にあることは把握していた。そうした中で、発災から2か月を経ていない、5月の連休頃から再開に関わる話が耳に入ってくるようになってきた。特に、鹿踊や念仏剣

舞といった、盆の時期に供養のためにおこなわれる芸能は、6月中旬の百か日法要に向けて用具を整えて再開したい、しなくてはならないという話が聞こえてきた。同時に、そうした供養に関わらない芸能についても、再開を模索しているという話が入り、自分たちで用具取得の為の寄付口座を設けるといった動きも出てきた。

　こうした動きは、筆者もその一端に加わっているのであるが、岩手、宮城、福島3県の内陸部で、沿岸部の芸能を調査していた研究者や芸能の愛好家から情報がもたらされた。彼／彼女らは自分たちの伝手で沿岸の芸能団体や祭礼団体と連絡を取り、被害を確認した。また再開に対する意思と、支援の内容の要望を得るとともに、そのことをメールやSNSを通して拡散していった。こうした情報が、東日本大震災支援を考えていた複数の民間財団の耳に入り、支援のひとつとして、祭礼や芸能といった無形の文化財が対象となることとなった。大きな財団では億円単位の資金を用意するような支援がおこなわれたのである。こうした動きに呼応するように、文化庁でも用具の支援枠をつくり、また、そのための基礎調査を実施した。しかし、主体はあくまでも民間の支援によっておこなわれた。

　こうした支援を受けて、用具の新調などにより再開を果たす芸能団体は多数にのぼった。多くは、2011年の秋から冬にかけて、遅くとも翌年の行事には再開を果たした（図9）。非常に素早い対応であったといえる。なぜそれほど急いだのであろうか。それは、単に芸能や祭礼を担っている人たちが楽しいから、ということだけで

図9　春祈祷行事の再開（2012.1.3 撮影）

はない。先に触れた百か日法要のためといったように、地域の人たちのために、という想いから再開に取り組んでいることが多かった。また、祭礼や行事の再開は、被災地から各地に避難している人たちが、自分たちの地域に戻るきっかけを与えるものとして、こうした機会が望まれていたということもある。祭礼にそうした地域の結束を確認する機能があることは民俗学で以前から指摘されてきたが、それを実際に目の当たりにし、かつ各地で広く見られたことが東日本大震災被災地の特徴である。それは、被災した地域社会にとって欠くことができないものであり、再建に欠くことができないものであるためだと考えている。同時に、文化財の支援は、こうした地域に欠くことができないものを見出し、救援活動をおこなっていくことも肝要であると考える。もちろん、それは無形の文化財とは限らない。

　無形の文化財に対する支援は、ここまで見てきた文化財レスキュー事業、文化財ドクター派遣事業とは大きく異なる形で進められた。それは、出発点から、研究者にしても愛好家にしても、組織的に動くものではなく、被災地と個人的関係からニーズを見出し、声を上げることで支援活動が進められていったということである。そして、その結果、文化財が被災地の復旧・復興の過程に大きな影響を与えることから、文化財という観点からも積極的に救援対象とする考え方が生まれていった。阪神・淡路大震災以来、文化財の救援活動は、どちらかというと文化財保護に関わる文化財担当者として博物館学芸員などが中心となって、大学の研究者と協業するかたちで支援対象が生み出されていった。その点では、無形の文化財をめぐる動きは画期的であり、その後の文化財防災を考える上でも転期となったといっても過言ではない。

7. 震災はいつまで続くのか

　ここまで、発災から1年、2012年の春頃までの動きを中心に、東日本大震災を振り返った。しかしながらそこには福島県での活動はほとんど入っていない。福島県では、原発事故の影響もあり、文化財に対する救援活動が本格化するのはこの後のこととなる。同時に岩手県、宮城県でも2012年以降、復旧復興に関わるさまざまな事案への対処が続いてきた。建造物の修理事業は、発災から数年を経て実施に移されるケースもあり、文化財ドクター派遣事業の枠組みでの支援は、2014年まで続いた。また、祭礼の再開は、2022年時点でも全てが実現してはいない。それは極端な例であるが、数年経って再開を果たした祭礼は多々ある。こうした文化財は、再開、修理の意思を持ちながらも、機会があわなかったということもあるが、同時に、支援が入って再開、修理をするという情報を得て決心する例もみられた。

　東日本大震災は、巨大な災害であり、非常に多くの文化財が被災した。だからといって、文化財の保存修理の観点からいえば、その対処法はこれまで蓄積してきた手法と大きな差があるわけではない。いっぽうでその膨大な対象は、これまでのやり方では対処できないことが課題となった。救出作業や被災調査には膨大な人手が必要であり、一般的な災害時の対応では処理しきれるものではなかった。そうしたなかで、全てを文化財保存修理の専門家に託することができないために、東日本大震災においては、保存修理の専門家以外の人に加わってもらいながら進める救援活動が作り上げられていった点に特徴がある。文化財ドクター派遣事業ではヘリテージマネージャーであり、文化財修復塾受講者、文化財レスキュー事業における応急処置についても、必ずしも保存修復の専門家ではない人

が関わっている。文化財に関わらない一般の人がボランティアとして参加し、処置を施すといったこともみられた。もちろん、こうした作業の全てを担うわけではない。そうした人たちが関われる部分がどこまでか整理をして、分業できる体制が作られたのである。

　東日本大震災は、多数の文化財が被災する不幸なものであった。同時にこれまで文化財に関わることが少なかった多くの人が、その救援活動に携わるということでは、文化財の裾野を広げる機会にもなった。禍転じて福となす、ではないが、この経験を次の災害につなげていける一歩にはなっているのであろう。

註

(1) 当日はまだ到達地点の整理がなされていなかった。

(2) 宮城県被災文化財等保全連絡会議の活動については、同会議編（2017）を参照のこと。

(3) 東日本大震災の文化財ドクター派遣事業については、関口（2016）に詳しい。なお、東日本大震災時には、東北地方を中心とした調査対象県においてヘリテージマネージャーの養成はおこなわれておらず、建築士などがボランティアで参加し、実施されたものである。

(4) 東日本大震災の被災地における民俗芸能については、橋本（2015）が詳しい。また、宮城県における発災直後の状況については、小谷（2012）にて報告をおこなっている。

参考文献

小谷竜介 2012「宮城県における無形民俗文化財被災状況報告」『民俗芸能研究』52号　民俗芸能学会　1-20頁

関口重樹 2016「建造物や町並みの被災と復旧」独立行政法人国立文化財機構編『文化遺産と災害に強い地域社会』同機構　187-189頁

橋本裕之 2015『震災と芸能―地域再生の原動力』追手門学院大学出版会

宮城県被災文化財等保全連絡会議編 2017『宮城県被災文化財等保全連絡会議活動報告書』

コラム1　被災書画の救援

　豪雨や地震などの自然災害は、私たちの日常生活に深い爪痕を残すだけでなく、大切にまもり伝えられてきた文化財にも甚大な被害を及ぼすことがある。2011（平成23）年の東日本大震災以降に限っても、平成28年熊本地震、2018年西日本豪雨、2019（令和元）年東日本台風、令和2年熊本豪雨などが立て続けに発生し、被災した資料の救出、保全を目的とする救援活動も相次いで実施された。

　こうした救援活動のなかで培われた技術や経験、浮上した課題は、報告書や講演などさまざまなかたちで積極的に情報発信されており、マニュアルや研修といった各種防災対策の整備にも活かされている。文化財防災ネットワーク推進室（現・文化財防災センター）でも、救援活動の一助とすべく、紙資料、民俗資料、自然史標本の応急処置方法を解説する動画マニュアルを制作、公開した[(1)]。では、このほかの種類の文化財、とりわけ絵画のレスキューがどのようにおこなわれてきたのか、過去の事例を見てみよう。

　東洋の伝統的な書画には紙や絹などの脆弱な材料が用いられていることはよく知られている。それゆえ早急な処置が必要となるが、被災文化財を救援する現場では、絵画（特に掛軸）が取り残されることがしばしばある。その根底には、誤った取扱いで掛軸を破損してしまうのではないかという不安、あるいは応急処置がその後の本格修理に支障をきたしてしまうことへの懸念があるようだ。また、古文書を含む被災紙資料の洗浄や乾燥方法が、各専門団体により紹介されている[(2)]のに対し、絵画に特化した処置手順がまとめて解説された例は少なく[(3)]、これも処置を先送りさせる要因となっているのかもしれない。しかし、過去の被災文化財の救援活動報告のなかには、絵画に関する事例紹介があり、非常に参考になる。それによると、洪水や地震といった災害の種類を問わず、書画に深刻な被害を及ぼす最たる要因は水濡れであることがわかる。したがって、被災書画の救援も水損被害への対処が中心となってくる。以下、いくつかの事例を紹介したい。

　まずは、掛軸の処置例を見てみよう。東日本大震災で津波に遭ったケースでは、掛軸を掛けて広げることが難しいほど水分を多く含んでいたため、吸水紙の上に拡げて平置きし、絵画面（本紙）を保護する機能

紙（サンモア紙、ポリエステル紙など）を上から重ねてさらに吸水紙で覆い、1〜2週間かけて緩やかに乾かしている（図1）。[4]この現場では、掛けて吊すことができる状態の軸は、晴れの日に、直射日光の当たらない室内に掛けて乾燥させている。また、吸水紙を使用した乾燥方法は、熊本豪雨の際にもおこなわれた。[5]しかし、被災から数か月後に救出要請があった巻子は、濡れていたまま置かれていたために、内部に虫が発生し、腐敗、分解が進んで土塊のように固形化していたと報告されている。また、西日本豪雨では、泥水で汚

図1　水損した掛軸を平置きにして乾燥させる様子（Kigawa and Sato 2014）

図2　水損した襖を室内で陰干しする様子（江村 2015）

損した掛軸を巻いた状態のまま風乾させたことで固着してしまった事例が紹介されている。[6]以上のことから、掛軸や巻子が水損した場合、開ける状態であれば、早めに開披して乾燥させることがいかに重要であるかがよくわかる。

　襖や屏風は、災害発生後、比較的早く救援の対象となる傾向にある。水損した屏風や襖の応急処置も、掛軸や巻子などと同様に、まずは安全な場所に運び出し、日陰で乾燥させることから始まる。東日本大震災で津波に浸かった個人宅の襖や屏風も、乾燥、燻蒸、カビ払いなど初期的[7]な処置がおこなわれた。だが、その後、本紙の変色やカビの再発が確認されたため、修理技術者によって本紙が下地の屏風から取り外された（図2）。

　以上、簡単に書画の救援事例について紹介した。被災絵画の復旧にお

いては、作品の汚損状態、材質・技法（紙本／絹本、淡彩／濃彩など）
や物理的構造（掛軸、屏風など）によって取るべき措置が異なり、修理
技術者の協力が欠かせない。とはいえ、有効な初動によって早期に作品
を乾かすことができれば、資料の劣化を抑え、将来の修理につなぐこと
も可能になってくる。被災書画の初期処置の研究、普及は、文化財防災
における喫緊の課題のひとつであろう。

註

(1) 文化財防災ネットワーク推進室制作『文化財防災マニュアル』シリーズ https：
　　//ch-drm.nich.go.jp/db/media.html（2022 年 6 月 10 日閲覧）
(2) 日本図書館協会ウェブサイト　被災資料救済・資料防災情報源 https://www.
　　jla.or.jp/committees/hozon/tabid/597/Default.aspx（2022 年 6 月 10 日閲覧）
(3) 動産文化財救出マニュアル編集委員会 2012『動産文化財救出マニュアル　思
　　い出の品から美術工芸品まで』クバプロ
(4) Kigawa R. and Sato Y. 2014 Microbial damage of tsunami-affected objects
　　in the Great East Japan Earthquake 2011 and problems with fungicidal
　　fumigation. *Proceedings of the International Symposium on the Conserva-*
　　tion and Restoration of Cultural Property 2012, National Research Insti-
　　tute for Cultural Properties, Tokyo.
(5) 川路祥隆 2021「令和 2 年 7 月豪雨による文化財の被災と文化財レスキュー」
　　『史料ネット News Letter』第 96 号　歴史資料ネットワーク
(6) 山田祐子 2021「被災品の応急処置とその後の本格的な修復に向けて」『残す。
　　西日本豪雨災害　私たちは真備に何を残そうとしたのか』吉備人出版
(7) 山梨絵美子 2015「宮古市盛合家所蔵の書画レスキュー活動」『全国美術館会議
　　東日本大震災文化財レスキュー事業記録集』
　　江村知子 2015「宮古市盛合家所蔵の書画作品レスキュー活動」『全国美術館会
　　議　東日本大震災文化財レスキュー事業記録集』

第2章　文化財レスキューとその活動

　現在につながる災害時の組織的な文化財レスキューの嚆矢は、1966年に起きたフィレンツェ等の大洪水（以下、フィレンツェ大洪水）の際の活動であった。日本では1995年の阪神・淡路大震災の際に同様の活動が本格的に開始され、2011年の東日本大震災の際にこれが一層本格化、組織化され、現在に至っている。本章では前半でこれらの活動のうち、特にフィレンツェ大洪水と東日本大震災における文化財レスキューの事例を紹介し、後半で東日本大震災以降の日本の文化財防災の動向や課題等を整理する。

　なお、ここでいう「文化財レスキュー」とは、被災時の文化財救出活動のうち、主に動産文化財等を対象として、被災地から救出・輸送し、保管（一時的な保管を含む）し、必要な応急処置をするところまで、すなわち本書序章の文化財防災スパイラルの「救援」段階のスキームにあたる。本章ではこの範疇の活動を中心として、必要に応じてその前後の活動についても触れることとしたい。

1.　フィレンツェ大洪水の際の文化財レスキュー

　1966年11月3日に始まったイタリア・トスカーナ地方を襲った豪雨は、アルノ川等、域内の河川を増水させた。上流部ヴァルダルノのダムが決壊したことも加わり、翌日、アルノ川流域のフィレンツェ、ピサは大洪水に見舞われた。この水害でフィレンツェと周辺では100人超が死亡、約5,000戸の建物が全壊・半壊した。

図1 「泥の天使たち」の活動（国立フィレンツェ図書館提供）

これに伴う文化財等への被害の状況とその後の対応については、日本図書館協会資料保存委員会や田口ゆかり等により邦文の良質な紹介がなされている（日本図書館協会資料保存委員会編 1997、田口 2016〜2017）ためここでは詳細をひかえるが、「フィレンツェを救え！」の合言葉のもと、世界中から文化財修復や保存科学の専門家、学生等のボランティアがフィレンツェ等の被災地に集結し、おそらく世界で初めての大規模かつ組織的な文化財レスキュー活動が実施された。

のちに「泥の天使たち（Mud Angels）」（図1）と呼ばれることになるボランティアとフィレンツェの専門家らによる協業は、大量の資料の保存・修復（Mass Conservation）[1]、段階的な保存・修復（Phased Conservation）[2] の考えを生み、フィレンツェの現場はその実践の場となった。またこの被災による反省から、予防的な保存・修復（Preventive Conservation）[3] の重要性が認識され、その後の文化財等の保存の在り方そのものを変える大きな契機ともなった。

ここでは筆者らが2012年に国立フィレンツェ修復研究所（OPD）、国立フィレンツェ図書館保存研究所を訪問[4]し、両研究所の専門家から見聞した内容の概要を整理する（詳細は建石・香取・髙妻 2013）。

（1）国立フィレンツェ修復研究所（OPD）からの見聞
● この大洪水の際、フィレンツェ市内で最も被害が大きかったのは

サンタ・クローチェ教会周辺（サンタ・クローチェ教会、国立フィレンツェ図書館等）で、6mほどの浸水。

図2　フォルテッツァ・ダ・バッソに置かれたOPD修復工房（OPD提供）

- 水の被害はカビが生えたこと等も大きかったが、水の勢いの強さによる物理的な被害も大きかった。

- OPDの主な選択（いずれも今でも正しい選択だったと思っている）。
  - ・資料を分散せず、全ての作業をフィレンツェで実施した。
  - ・過乾燥を防ぐための部屋を作った（ピッティ宮殿のレモン用の温室を改良、90% RH）。
  - ・世界中の専門家をひとつの工房（フォルテッツァ・ダ・バッソ）に集中した（図2）。このため、世界中の知識・経験を集約することができた。

- 初期に作業を実施したサンタ・クローチェ教会の「十字架のキリスト」（チマブーエ作）には、水圧による破壊、泥による汚染、下地の剝がれや支持体の収縮等、被害のさまざまなパターンが重なっていた。この対応により初めて修復家と科学者が本当の意味で一体となって仕事をした。水害は大変だったが、この中から大きな成果が上がったとも考えている。

- 1972年に世界をまわった展覧会「フィレンツェ・レスタウラ」は社会的にも大きく注目され、一般の理解が深まった。

- この大洪水の最大の教訓は「予防の重要性」であった。

図3 アルノ川のほとりに立地する国立フィレンツェ図書館（後方の塔はサンタ・クローチェ教会）

図4 鉄道の洗車場における図書資料の乾燥作業（国立フィレンツェ図書館提供）

（2）国立フィレンツェ図書館保存研究所からの見聞

● フィレンツェは過去にもたびたび水害に襲われていたが、1966年当時その記憶は薄れていた。ファシズム政権下の1935年にこの図書館が新設されたが、戦争を想定して地下に重要資料の書庫を作った。図書館はアルノ川のほとりに立地する（図3）。

● 整備されていた文献カードが流された。

● 鉄道の洗車場やあちこちの焼き物工場の窯を借りて資料を乾燥させた（図4）。

● 膨大な被害を前にして、専門家らは途方に暮れた。実際に採用された修復の方法は、大英図書館の「イギリス法」によ

る流れ作業（分担作業）。全体を12の工程に分け、言語の問題を解決するためにアイコンを用いた資料カードを作成した。これらにより、専門家でなくても作業に参加できるメリットがあった。

● 一方でこの方法は、作業全体を見渡せる人がいなくなるというデメリットもあった。1999年に修復作業の全工程を把握する修復家に資格を与える制度を設けた。

2.　東日本大震災の際の文化財レスキュー

2011年3月11日に東北地方太平洋沖地震（東日本大震災）が発生した。この震災による死者・行方不明者は18,425人、全壊・流失・半壊した建物は404,893戸。被災した動産文化財等を緊急に保全するとともに、毀損した建物や瓦礫の撤去等に伴う廃棄・散逸を防止することを目的として、東北地方太平洋沖地震被災文化財等救援事業（文化財レスキュー事業）がおこなわれた。

日本で同様の文化財レスキュー事業が本格的・組織的に実施されたのは、1995年の兵庫県南部地震（阪神・淡路大震災）の際に組織された「阪神・淡路大震災被災文化財等救援委員会」の活動が嚆矢であり、また、東日本大震災以前においての最大規模の活動であった。本事業はこれに範をとり、必要な修正を加えて実施された。

東北地方太平洋沖地震被災文化財等救援事業では、阪神・淡路大震災被災文化財等救援委員会の活動と同様に、国・地方の指定等の有無を問わず、美術工芸品、埋蔵文化財（出土品）、有形民俗文化財等の動産文化財等が対象とされた。地震・津波・原子力事故等による直接の被災や、被災地における博物館・美術館・資料館・社寺・個人蔵の保存・展示施設の倒壊または倒壊のおそれ等により、緊急に保全措置を必要とする動産文化財等について、救出・応急措

置をし、博物館等の保存機能のある施設において一時保管がなされた。

　この活動のスキーム図を図5に示した。実施主体は、文化庁からの協力要請・依頼を受けた国立文化財機構、文化財・美術関係団体、被災地各県の教育委員会であり、これらにより構成された被災文化財等救援委員会が、必要に応じて現地本部を置いて活動がおこなわれた。被災文化財等救援委員会の事務局は東京文化財研究所が担った。活動資金は当初は文化財保護・芸術研究助成財団が受け持たれ、のちに文化庁からも支出された。当初は各団体等の厚意による「持ち出し」も多かった。

　東日本大震災における文化財等の被害は、毀損した国指定・登録文化財だけでも 744 件。これらの所在地は青森県から高知県におよぶ広範なものであったが、この枠組みによる文化財レスキュー活動が実施されたのは、岩手県（2011 年 4 月から）・宮城県（同年 4 月から）・福島県（同年 7 月から）・茨城県（同年 7 月から）の 4 県においてであった。

　ここでは宮城県における文化財レスキュー活動、特に県内最大級の文化財被害が生じ、この枠組みでの最初の活動となった石巻文化センターでの活動の一端を紹介する。なお、発災時からの宮城県域を中心とした被災地の状況は前章に詳しく、あわせて参照されたい。[5]宮城県における文化財レスキュー事業の開始に向けた発災後からの準備等については、表 1 に文化庁文化財部美術学芸課（当時）による初動メモ（文化庁文化財部美術学芸課 2012）のうち当該事業に関わる主な内容を抜粋した。

　石巻文化センターは、美術・考古・民俗資料、美術品を含む総合博物館としての機能を備えた石巻市立の複合施設であった（図6）。国指定文化財等を含む考古資料・歴史資料等を中心とした「毛利コレクション」等の収蔵資料の総数は 20 数万点にのぼった。東

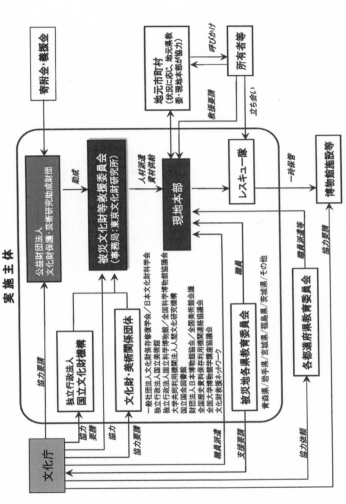

図 5　東北地方太平洋沖地震被災文化財等救援事業（文化財レスキュー事業）のスキーム

表 1 宮城県における文化財レスキュー事業開始に向けた初動メモ（文化庁の活動記録より）

日	曜日	活動等
3.11	金	東北地方太平洋沖地震（M 9.0）。業務継続の確認。国庫補助修理事業者、関係博物館等へ安否確認・情報収集。『阪神・淡路大震災文部省関係対策記録集』の共有（文科省・文化庁全職員にメールにて展開）。
3.12	土	長野県北部地震（M 6.7）。指定文化財公開博物館へ安否確認・情報収集。被災地から被害状況に関する連絡が入りだす。
3.13	日	北海道、東北、関東の指定等文化財の所在地リスト・地図打ち出し、庁内にて共有（翌日に長野県・新潟県・山梨県分を追加）。仙台市博物館から被害状況に関する連絡。
3.14	月	緊急省議・庁議・部議（以降、随時）。美術学芸課緊急課内会議（以降、随時。被害情報等の共有、有効に使える国庫補助事業の洗い出し、文化財部他課との調整）。宮城県教育委員会より被害状況に関する第一報（以降随時更新）。宮城県教育委員会に対して文化財レスキュー事業等の打診。文化庁OBよりレクを受ける（＊）。
3.15	火	文化財保護調整会議（以降、随時）。
3.16	水	文化財レスキュー事業の実施要項（素案）、同スキーム図（素案）作成。
3.17	木	宮城県教育委員会より石巻文化センターの被害状況の詳細伝えられる。東文研で阪神・淡路大震災時の資料類の閲覧・調査。歴史資料ネットワークから文化財レスキュー事業の準備状況問い合わせと要望。宮城県教育委員会と「文化財防災ウィール」（テキスト情報）の共有。
3.18	金	宮城県教育委員会に対し文化庁がイメージする文化財レスキュー事業のスキームを説明。宮城県教育委員会から文化財レスキュー事業等に関する具体的な課題、要望。全国美術館会議から会員館の被災状況に関し連絡を受ける。
3.22	火	文化庁OBよりレクを受ける。
3.23	水	文化財保護・芸術研究助成財団に義援金の受皿等に関する相談。東文研と文化財レスキュー事業に関する協議。
3.24	木	宮城県教育委員会に対し、仙台市博物館での現地本部設置に関する打診を依頼。神戸市立博物館で阪神・淡路大震災時の資料類の閲覧・調査。
3.25	金	東文研OBよりレクを受ける。
3.29	火	文化財レスキュー事業に係る政務三役への説明
3.30	水	国立文化財機構・国立美術館・国立科学博物館等と協議。文化財レスキュー事業実施要綱制定。全都道府県教育委員会、文化財関係10団体に対して文化財レスキュー事業実施への協力依頼。
3.31	木	文化財レスキュー事業の報道発表。文化財保護・芸術研究助成財団、寄付金受付口座の開設。東文研OBよりレクを受ける。
4.5	火	調査官を宮城県へ派遣（東文研と。4月7日まで）。
4.6	水	宮城県教育委員会にて、宮城県内における文化財被害の現状確認と現地本部設置等に関する協議（文化庁、宮城県教育委員会、東北歴史博物館、仙台市教育委員会、仙台市博物館）。仙台市博物館にて、地元関係施設・団体等との協議（宮城歴史資料保全ネットワーク、宮城県美術館、東北大学関係者等が加わる）。文化庁HPに長官メッセージを掲載(4月15日に英語版を掲載)。

4.7	木	石巻市内（石巻文化センター他）を視察、石巻市教育委員会と協議。余震（M 7.2）。
4.8	金	庁内で宮城県視察報告。
4.9	土	緊急四者協（歴史学研究会、歴史科学協議会、歴史教育者協議会、日本史研究会）に参加、文化財レスキュー事業の説明。以降、関係学協会等に同様の説明（随時）。
4.10	日	全国美術館会議に出席、文化財レスキュー事業の説明。
4.11	月	奈文研と協議。東文研・国立文化財機構と協議。調査官を宮城県に派遣（4月14日まで）。余震（M 7.0）。
4.14	木	人間文化研究機構と協議。
4.15	金	東文研にて、第1回被災文化財等救援委員会開催。
4.18	月	調査官を宮城県へ派遣（以降、当分の間常駐）。
4.19	火	仙台市博物館にて、宮城県現地本部協議。宮城県栗原方面予備調査（宮城資料保全ネットワークの活動に同行）
4.20	水	石巻文化センターでのレスキュー活動開始

＊阪神・淡路大震災に係る文化財レスキュー事業等で中心的役割を果たされたOBと面会し、レクチャーを受けた（以下同様）。

北地方太平洋沖地震による津波で1階（収蔵庫、事務室等）は天井が突き破られ、多くの収蔵資料が水損、一部は流出した（図7）。

　甚大な被害があった1階の中でも、2010年度に改修工事を実施していた特別収蔵庫（主に「毛利コレクション」用）の庫内については、2 cm程度の浸水にとどまり、多くの収蔵資料が水損をまぬがれた。この収蔵庫は防火対策として2時間耐火仕様の堅牢な扉を有するものであったが、これが津波の被害からも文化財を救った。

　津波による直接の被害は受けなかった2階（展示室等）の被災後の状況は予想以上に良好といえるものだった（図8・9）。本センター周辺では本震の際に震度6強を観測したにもかかわらず、展示室等における資料の転倒、毀損等はきわめて限定的であった。これは免震台やテグス・重り等により、事前に展示資料への倒壊防止対策がなされていたことが奏功したと考えられる。4月7日、被災後初めて2階の展示室等の状況が確認された際に同行した筆者を含む一行にとっては、日常の管理・対策の重要性を実感させられた瞬間

であった。これが当該地域では1978年の宮城県沖地震の頃から、全国的には阪神・淡路大震災から各地で地震に対する文化財等への対策が取られてきた成果の一端を示す事例であることは言を俟たない。甚大な被災状況とともに強調されるべき、一方の重要な側面であろう。

　石巻文化センターにおける本格的なレスキュー隊活動は、4月20日の瓦礫等の撤去作業から開始された（図10）。特別収蔵庫を除く1階の各所を覆った「瓦礫」の中には、近傍の製紙工場から流出した巨大なパルプ原料・資材、無数の紙屑等が散乱し、その中から収蔵資料や台帳等の資料を抽出する作業が続けられた。廊下等庫外での作業が進み、収蔵庫内に至る動線が確保されたのは4日後のことであった。収蔵庫内での作業は4月23日から開始されたが、特別収蔵庫を除く1階の収蔵庫はいずれも扉が破られ、庫内の状況は庫外と変わらぬ惨状であった（図11・12）。

　石巻市教育委員会、宮城県教育委員会、東北歴史博物館、宮城県美術館、仙台市博物館、宮城県考古学会をはじめとする地元関係機関・団体や、国立文

図6　石巻文化センター（2011年4月11日）

図7　1階は瓦礫に覆われた

図 8　免振台の効果（2 階展示室、2011
　　　年 4 月 7 日）

図 9　テグス・重りの効果
　　　（2 階展示室、2011
　　　年 4 月 7 日）

図 10　レスキュー隊活動
　　　の開始（2011 年 4
　　　月 20 日）

化財機構諸施設、全国美術館会議、国立民族学博物館等の尽力の甲斐あって、本センターにおけるレスキュー隊活動は順調に進捗した。これらの資料は類型や被災状況等に応じて、東北歴史博物館（毛利コレクション、常設展史資料、古文書等）、宮城県美術館（美術品（立体））、東北芸術工科大学（美術品（高橋英吉作品等））、国立西洋美術館（美術品（西洋絵画等））、仙台市向田整理室（考古資料）、東北大学（考古資料）、国立科学博物館（出土人骨・獣骨・骨角器）、凸版印刷仙台工場（民俗資料）、奈良文化財研究所（水損紙資料等）等に分配、一時保管され、必要な応急処置が施された（東北地方太平洋沖地震被災文化財等救援委員会 2012）。輸送の際には、当初は日本通運、ヤマト運輸、カトーレックの厚意による協力を得た。

　奈良文化財研究所で実施された水損紙資料の一時保管・応急処置の際には、近隣の奈良市場冷蔵の厚意を得て、真空凍結乾燥等（図13）の応急処置前に劣化や生物被害の進行を抑制するための冷凍保管も実現した。

　また、レスキュー隊活動時におけるカビ等の人体への影響、海水で濡れた資料を殺菌燻蒸する際の注意点、一時保管施設を環境管理する際の注意点等については、東京文化財研究所から随時注意喚起や情報共有のための情報が発信され、活動の参考とされた（東京文化財研究所情報分析班 2011 a・2011 b・2011 c ほか）。

3. 文化財防災ネットワーク推進事業
――災害時における活動ガイドラインの策定――

　東北地方太平洋沖地震被災文化財等救援事業（文化財レスキュー事業）は、被災 4 県（岩手県、宮城県、福島県、茨城県）において約 2 年間の活動をおこない、2014 年 3 月にこれを終了した。ただ

図 11　1 階収蔵庫内での
活動

図 12　救出された資料

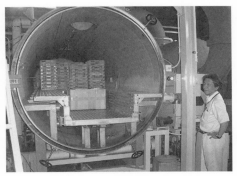

図 13　水損紙資料の真空
凍結乾燥（於：奈
良文化財研究所）

し、福島第 1 原子力発電所の事故の影響で活動の開始、進捗が遅れた福島県については、2014 年度に福島県被災文化財等救援本部が設けられ、活動が継続された。他県においても事後の処置等について、県内の組織等がつくられ、対応が進められた。

　一連の活動により培われた対応の技術や公私にわたる人的ネットワーク等を継承・発展させるため、2015 年度から文化財防災ネットワーク推進事業が、文化庁補助金により立ち上げられた。国立文化財機構本部に文化財防災ネットワーク推進本部が設置され、文化財防災ネットワーク推進室が事務局となり、日本の文化財防災のためのネットワークを構築するものであった。

　この事業は 2019 年度までの 5 年間実施され、

(1)　文化財防災のための多様な領域におよぶ調査研究とその成果の効果的な発信

(2)　文化財等の所在情報を中心とする、防災のための各種情報の収集とアーカイブ

(3)　全国の文化財防災のためのネットワークの構築

等の活動がなされた。

　ここではこの活動の中で策定された「文化遺産防災ネットワーク推進会議の災害時における活動ガイドライン」の概要を紹介する（2020 年 2 月作成、2021 年 2 月改正。巻末資料参照）。

　このガイドラインは、災害時に支援要請が出される場合、文化遺産防災ネットワーク推進会議（以下、推進会議）の参画団体がどのように情報共有をおこない、連携して文化財等の救出活動をおこなうための基本方針が示されたものである。このうち発災後のスキームは次のように整理された。

第1フェーズ

　概略情報収集活動

第2フェーズ

　推進会議文化遺産災害支援本部の設置

　救援・支援にかかる四つのレベル区分設定

　　　レベル1：被災の規模・程度が比較的小さく、都道府県内の連携体制で対応可能。

　　　レベル2：被災した都道府県等が連携体制救援の実施主体となるが、場合により推進会議参画各団体からの支援も必要になる。（例　平成27年関東・東北豪雨、平成28年台風10号、平成29年九州北部豪雨、平成30年7月豪雨等）

　　　レベル3：被災した都道府県内連携だけでは対応できず、都道府県は救援対策本部を設置し、外部の協力を求める。（例　平成28年熊本地震）

　　　レベル4：都道府県内連携だけでは対応できず、被災都道府県からの救援要請にもとづき文化庁は参画団体幹事会へ協力を要請し、被災文化財等救援委員会を設置する。推進会議参画団体は、同救援委員会の構成メンバーとなって活動する。（例　阪神・淡路大震災、東日本大震災）

　これらのスキームをもとに、災害ごと、地域ごとの特質等に応じて最適のアレンジを加えることが肝要であろう。

　第1フェーズの概略情報収集活動は本章の後につづくコラム2に詳しいが、この際には松下正和による注意喚起（松下 2012）を忘れずにいたい。松下は被災状況を把握する際に、

　①　もともと歴史資料はないから「大丈夫」

 ② これまで被災を逃れてきたから「大丈夫」

 ③ 被災の連絡がないので「大丈夫」

 ④ コピー・マイクロ・自治体史があるから「大丈夫」

という思い込みにより救えるものが救えなくなることに警鐘を鳴らす。

 また第2フェーズではいずれのレベルの活動においても、救出した資料の保管施設の確保が必須となる。これについてはコラム2につづくコラム3に詳しい。

 筆者は東日本大震災時の文化財レスキュー事業におけるレスキュー隊活動に参加して以降、いくつかの同様の活動に参加してきた。この中で実感してきた「レスキュー隊活動の現場における感想」として、

- ●「命を懸けて」という気概は理解できなくはないが、本当に命を懸ける作業は絶対にしてはならない。

- ●「火事場の馬鹿力」を発揮してはならない。身体を壊すことにつながる。

- ●被災地外から参加する隊員は、被災地に入るだけで気分が高揚する。必要以上に高揚した気分でレスキュー隊に参加することは諸々の失敗につながりかねない。

- ●睡眠や休憩を充分にとる。

等を読者皆さんに共有したい。レスキュー隊活動にエールを送り、またそれを推進する立場にもある筆者の発言として矛盾を感じる読者も多くいらっしゃると思うが、特に現場では絶対に無理をしてはならない。必要以上に気分が高揚した隊員の活動が、

- ●一人で活動し二次的な事故等に遭遇する。

- ●記録を取らずに活動を推進し、のちの処置等に悪影響を与える。

等の悪い展開につながる可能性も充分にある。隊員の心身両面にお

ける安全確保は、レスキュー隊活動の大前提である。

4.　文化財防災センターの設置

　2020 年 3 月に文化財防災ネットワーク推進事業が終了し、この成果や組織を継承して発展させるため、2020 年 10 月に国立文化財機構本部に文化財防災センターが設置された。阪神・淡路大震災から、被災地をはじめとする各地で続けられた活動や技術・知見等の蓄積や体系が、常設の組織として集約されたのである。

　文化財防災センターでは、

(1)　被害を出さない

(2)　被害が出てもその度合いを最小限にとどめる

(3)　重篤な被害が出た場合の救援・支援を効果的に実現する

という三つのミッションを掲げ、この実現に向けて、

①　地域防災体制の構築

②　災害時ガイドライン等の整備

③　レスキューおよび収蔵・展示における技術開発

④　普及啓発

⑤　文化財防災に関する情報の収集と活用

の五つの柱による事業を進めている。文化財防災センターは、文化財レスキュー事業を含む文化財防災スパイラルのあらゆる段階、あらゆる文化財の類型、あらゆる災害の類型を対象とした文化財防災活動を推進することを目指し、文化庁・地方公共団体文化財所管部局・推進会議構成団体等と連携し、日々の活動を進めている。

註

(1) それまでの単品を保存・修復する方法を適応することでは対応しきれなかったため、後述の「段階的な保存・修復」と組み合う形で考えられた理念と方法。

(2) 資料の被災状況や本質的価値の軽重により、保存・修復の方法や過程に優先順位をつける考え。文化財レスキューの現場では、救出後の一時保管段階以降に必要に応じて検討すべき考えであり、被災地からの救出・輸送段階で軽率に適応することは避けるべきである。

(3) 文化財保存施設の立地や、生物被害対策、温湿度・空気質等の保存環境等、災害をはじめとする文化財の劣化・棄損等に係るあらゆる因子を予測し、それらを取り除く、あるいは軽減する保存・修復の理念と方法。現在の文化財保存・修復のスタンダードな考えとなっている。

(4) 東日本大震災の津波等により水損した大量の文化財資料への対応等に関して、同様の文化財への対応の先駆的実績を有するフィレンツェの専門家と情報共有、意見交換をした上、その後の日本での対応について助言を得た。

(5) 東北地方太平洋沖地震発災時からこれに伴う文化財レスキュー事業の終了までの間、第1章の執筆を担当する小谷は宮城県教育委員会文化財保存課（当時）、本章の執筆を担当する建石は文化庁文化財部美術学芸課（当時）に所属し、それぞれこの事業の準備、推進等を担当した。

参考文献

田口ゆかり 2016～2017「1966年11月4日、フィレンツェ（第1回～最終回（計13回））」歴史資料ネットワークHP（http://siryo-net.jp）より

建石徹・香取雄太・髙妻洋成 2013「日伊文化財保護協力事業にかかる国立フィレンツェ修復研究所、国立フィレンツェ図書館保存研究所の視察・専門家ワークショップ概要報告」『月刊文化財』593 44-47頁

東京文化財研究所情報分析班 2011a「被災文化財について殺菌燻蒸、およびその後のクリーニングを実施する場合の注意点」東京文化財研究所HP（https://www.tobunken.go.jp）より

東京文化財研究所情報分析班 2011b「〈重要〉海水で濡れた資料を殺菌燻蒸することによる発がん性物質発生のリスクについて」東京文化財研究所HP（https://www.tobunken.go.jp）より

東京文化財研究所情報分析班 2011c「被災文化財等一時保管施設の環境管理について」東京文化財研究所HP（https://www.tobunken.go.jp）より

東北地方太平洋沖地震被災文化財等救援委員会 2012「宮城県文化財レスキュー進行状況一覧表」『東北地方太平洋沖地震被災文化財等救援委員会　平成23年度活動報告書』東北地方太平洋沖地震被災文化財等救援委員会　278-287頁

日本図書館協会資料保存委員会編 1997『災害と資料保存』日本図書館協会

文化庁文化財部美術学芸課 2012「震災直後初動メモ」『東北地方太平洋沖地震被災文化財等救援委員会　平成23年度活動報告書』東北地方太平洋沖地震被災文化財等救援委員会　264-266頁

松下正和 2012「災害発生時、救出活動を開始する前に」『動産文化財救出マニュアル―思い出の品から美術工芸品まで』クバプロ　38-42頁

コラム2　災害発生時における情報収集と伝達

　わが国の災害対策基本法では、第二条の二として基本理念が六つ示されている。この基本理念は文化財や博物館等の防災においても根幹をなす考え方であり、ここでは四番目に挙げられている以下の条文に注目したい。

　　四　災害の発生直後その他必要な情報を収集することが困難なときであつても、できる限り的確に災害の状況を把握し、これに基づき人材、物資その他の必要な資源を適切に配分することにより、人の生命及び身体を最も優先して保護すること。

　災害対応においては、ヒト、モノ、カネ、情報、その他技術や場所といったさまざまな資源（リソース）が必要となるが、これらの資源は災害発生直後から同時に求められるものではなく、何よりも情報の収集と伝達、とりわけ被害状況の把握が迅速かつ効果的な災害対応の要となる。すなわち、被害が発生した場所、被害を受けた対象、被害の種類や程度といった情報を把握した後、二次被害の発生防止に努めなければならない。また、文化庁防災業務計画には、以下のような記述がある。

第3章 災害応急対策

第1節　地震災害等対策

1　発災情報の把握

　　気象庁等関係省庁との連絡を密にし、災害に関する情報の収集を図るほか、テレビ、ラジオ等からの情報を含め、広範な情報の把握に努める。

2　被害情報の収集・伝達

　　(1) 災害の規模・程度に応じた防災体制を確立し、迅速に情報収集に関する体制をとる。

　　(2) 被害情報について被災地域の文化施設及び都道府県等から必要な情報を収集する。各課は事務分掌に基づき必要な情報を収集し、政策課に報告する。政策課は、文部科学省文教施設企画部施設企画課（文部科学省非常災害対策本部非常災害対策班が設置された場合は、非常災害対策班）に報告する。

　　(3) 情報の収集は発災後、できるだけ迅速に行い、順次精度を上げるよう努める。

　　(4) 災害により電話、ファックス等の通信が途絶した場合、携帯電話、パソコン等による通信のほか、テレビ、ラジオ等の報道機関の情報など、必要に応じ、あらゆる手段での情報の収集・伝達に努める。

　実際、文化庁は災害発生時に都道府県を通じて国指定等文化財、日本遺産の構成文化財や世界遺産の構成資産等の被害情報を収集している。当然ながら、各自治体でも都道府県や市町村の指定等文化財について被害が把握されるほか、各地のミュージアムネットワークでは加盟館の収蔵資料等の被害について情報収集がおこなわれている。民間所在の未指定文化財については、市町村、博物館、教育・研究機関（大学、研究所等）に被害情報が寄せられることがある。このような情報提供がある場合は、所有者が"文化財を所有していること"を認識している、あるいは所有者の関係者や地域コミュニティが"文化財の所在"を認識している、そして、その文化財に関してどこに相談すればよいのかを把握しているということが前提になる。前述の各機関と所有者や地域コミュニ

ティが協働する平時の社会
教育活動や調査活動等は、
文化財の所有・所在の認識
をもたらすだけでなく、ひ
いては災害発生時の情報の
収集と伝達の基盤になると
考えられる。

図1　初動調査の様子

　災害発生時の情報は、す
べて"災害対応に係る判断"
を伴うものといえる。初動
対応では、支援すべき場所や内容、支援に必要となる人材（ヒト）や物
資（モノ）等を適切に配備するために、集約した被害情報を利活用しな
ければならない。しかしながら、最初に紹介した基本理念にあるように、
特に大規模災害時には情報の収集や伝達が困難になることがしばしば発
生する。市町村職員であれば、文化財担当や博物館担当であっても、被
災者支援等の緊急性の高い業務に従事しなければならないことがあり、
文化財の被害情報の収集や応急対応に時間を要する場合もある。さらに、
平成30年北海道胆振東部地震や令和元年台風15号のように大規模停電
が発生すると、通信インフラへの影響も避けられない。台風15号では電
柱の倒壊や配電線・通信線の被害のほか、長期間に及ぶ停電で携帯電話
基地局等における非常用電源が維持できない等の理由により、広範囲か
つ長期間にわたり通信障害が発生したことは記憶に新しい（都築 2020、
令和元年台風第15号・第19号をはじめとした一連の災害に係る検証
チーム 2020）。このような非常事態下では、十分な情報が揃わないうち
に、その後の災害対応の判断を迫られることもある。

　あらゆるシナリオを想定・予測することは不可能であるが、だからこ
そ平時から市町村職員や所有者をはじめとした多様な文化財関係者は互
いにリスクコミュニケーションを図りながら、さまざまな防災対策を講
じることで、少しずつできることを増やさなければならないのである。
例えば、災害対応ガイドライン等を作成し、あらかじめ災害の種類や規
模に応じて情報の収集や伝達のスキームを整理し、情報に基づく判断と
その後の災害対応に関するプロセスを可視化することで、より円滑に初

動対応に取り掛かることができるだろう。ガイドライン等を作成した後も、多くの関係者を巻き込みながら訓練を繰り返し、より実践的なものに更新していくことも忘れてはならない。また、文化財の所在情報や博物館等の所蔵資料に関するリストを整備し、置かれた状況下でのリスク評価を事前におこなうことで、被害推定や災害対応の判断材料に利活用できると考えられる。さらに、関係機関との連携体制の構築として、連絡窓口の設置、人材や設備の把握等も進めておくことが望ましい。

参考文献

都築充雄 2020「台風15号による電力被害状況と復旧の課題等」『消防防災の科学』　No.140　22-26頁
令和元年台風第15号・第19号をはじめとした一連の災害に係る検証チーム 2020　『令和元年台風第15号・第19号をはじめとした一連の災害に係る検証レポート（最終とりまとめ）』内閣府

コラム3　必ず必要になる一時保管場所

　文化財の救援活動をおこなう上で、必ず必要になるのが文化財の避難所にあたる一時保管場所の確保である。文化財が洪水や津波といった水害による被害を受けた場合、文化財自体が水圧による破壊、損傷、泥水による汚染を被ることになる。また地震や火災といった災害が発生した場合には、文化財自体が災害発生時に直接的な被害を受けなくても、その保管場所が被害を受けることで発生する雨漏りや消火水の侵入、さらに盗難リスクの増加など二次的な影響を受けることもある。こうした被災した文化財は救出が遅くなれば、その分劣化が進み、結果として廃棄、散逸のリスクが高まることになる。そのため、まずは被災した文化財を救出し、一時保管する場所の確保が急務となるのである。

　一時保管場所の確保、整備をおこなう上で実際に考えるべき要素は非常に多い。例えば、施設の運用にかかる費用や人手の確保、保管にかかる責任の所在、保管期間などといった運用に係る問題や、環境や設備といった機能に関するものなどが挙げられる。このうち環境や設備といった機能面にのみ注目しても、①災害の種類、規模、②文化財の種類（材

質）、③資料の汚損の程
度、内容、④資料の救出、
応急処置、本格修理、返
還といった救援活動のプ
ロセスなどの要素によっ
てその場所で求められる
ものが異なることに気づ
く。これを踏まえると、
一時保管場所について論
じる場合、本質的には上

図 1　仮設収蔵庫の環境調査

記の具体の条件とセットで考える必要があると考えられる。

　水損した資料は、そのままにしておくとバクテリアやカビ、腐臭やさ
び等が生じる。そのため、被災した資料が短時間で劣化しないように、
最低限の処置を施して劣化の進行の抑制を防ぐ応急処置が必要となる。
このような場合、一時保管場所には、第一に換気ができること、可能で
あれば水や電気が使用できることが求められる。また発生するカビの飛
散による健康被害に注意が必要になるため、一般の文化財の展示収蔵場
所だけでなく、休憩室や事務室といった居室と被災資料を保管する場所
や導線を空間的に分けること（ゾーニング）が必要になる。すなわち、
被災文化財が汚染要因と成り得る場合には、平時の文化財の保存環境の
構築、維持管理とは根本的に管理計画の立て方を変える必要が出てくる。

　美術館・博物館においては、通常設計時に必要な諸室の種類や環境管
理の目標値が設定されており、それに従って建物の導線計画、換気（設
備）計画がなされている。そのため平時の文化財の展示・収蔵環境の管
理は設計時の環境が達成できているかモニタリングにより確認し、目標
値とのずれが大きな場合は改善策を施すことになる。いっぽうで、被災
文化財の一時保管場所を整備する際は、必要な諸室や環境管理の目標も
現場ごとに設定する必要があり、その場で導線計画、換気計画を立てる
ことになるのである。

　そのため、一時保管場所の候補を考える際には、救援活動の過程で発
生する作業や環境条件を想定した上で、各施設でどのような状態、種類
の資料であれば受け入れ可能か、どのような作業が可能なのかを事前に

考えることが重要である。

　文化財が歴史や文化といった地域アイデンティティーの一翼を担うものである以上、地域の中で救援、復旧、復興のシナリオを考えることが前提である。これに関しては、文化財保存活用大綱において、文化財防災に関する内容について記載が求められるようになったことで、自治体の中でも一時保管場所について事前に考える土壌が育ってきたように思われる。文化財防災センターの取り組みや、過去の一時保管場所の整備事例の情報集積や基礎研究を通して、自治体が一時保管場所の確保、整備のためのシナリオを考える上での、助けになれればと思う。

第**3**章　救うのは「お宝」か
——地域の文化財の救援——

1. あらためて文化財とは何か？

　文化財保護法第二条では文化財を六つの類型（有形文化財、無形文化財、民俗文化財、記念物、文化的景観、伝統的建造物群）に分類している。また、保護すべきものとして埋蔵文化財（同法第九十二条）と選定保存技術（同法百四十七条）をあげている。これらの文化財の定義には、歴史上の価値、芸術上の価値、学術上の価値、鑑賞上の価値、あるいは生活とその推移や生業を理解する上で欠くことのできないもの（不可欠性と呼ぶことにする）を有していることがあげられている。これらの価値や不可欠性は、文化財を定義する上で必要となる概念である。しかしながら、日常生活の中でこれらの価値や不可欠性の重要性が認識されているわけではない。一般に、文化財とはすでに価値づけられ、指定あるいは登録されているものであり、自分と文化財の間の関係性を認識するには至らないことが多いのではないだろうか。すなわち、文化財は大切なものとして国や都道府県、市町村の行政機関によって指定、登録されたものであり、自らは触れてはいけない「お宝」であるという意識となり、自分の生活の中に文化財がどのような存在であるのかが不明瞭となっているのではないかと思われる。

　2018（平成30）年に文化財保護法が改正されるにあたって2017（平成29）年に出された文化審議会第一次答申には、文化財の継承には地域住民の存在が不可欠であることがうたわれている（文化審

議会 2017)。また、文化財保護法改正後に出された『文化財保護法に基づく文化財保存活用大綱・文化財保存活用地域計画・保存活用計画の策定等に関する指針』（文化庁 2019）には、未指定を含めた地域の文化財をまちづくりに生かしつつ、地域社会総がかりで取り組んでいくことのできる体制づくりを整備することの必要性が述べられており、地域コミュニティにおける地域の文化財の重要性が位置づけられている。地域コミュニティの中において、日常生活に文化財が大切な存在として位置づくことは、文化財が行政機関によって価値づけられた「お宝」ではなく、地域住民自らの大切な存在として意識されることになるものと期待される。

　文化財のもつ歴史上の価値、鑑賞上の価値等は、本来、地域性を有しているものである。市町村により指定された文化財は当然であるが、県指定文化財、国指定文化財であっても、それらは県や国という大きな「地域」だけでなく、より小さな地域性を示す場合が大半であり、それこそが文化財の魅力の本質でもあろう。いっぽう、地域コミュニティの中にあって、国、県、市町村の指定を受けていない文化財も無数にある。これら未指定の文化財を含む地域の文化財の総体が、その地域コミュニティの基盤を形成しているということができよう。

　東日本大震災の発災直後には、アルバムや写真等の回収と応急処置等、個人のものとはいえ「絆」を取り戻す行動が人々の中に見られた。また、避難所においてもあり合わせのものを使って「お祭り」を再現しようという取り組みもあった。被災した地域が真の復興を遂げるためには、この地域の文化財を復興させることがきわめて重要であることが、東日本大震災の復興においてクローズアップされたものと考えられる。

2.　地域コミュニティがかかえる問題

　20 世紀における科学技術の発展は急速な工業化を促し、経済的な発展とともに産業構造の変革をもたらした。いっぽうで、都市部への人口流出、農村部における過疎化、全国的な少子高齢化という社会的な問題が生じている。

　農村部における過疎化は、地域コミュニティの担い手の減少を意味している。いっぽうで、都市部への人口の集中は、都市部のさらなる都市化を加速させることにより、経済的発展を促す反面、都市部にそもそも存在していた地域コミュニティの希薄化をもたらす結果となっている。

　このような過疎化、都市化および少子高齢化といういわゆる社会的な問題の中で、地域コミュニティは農村部、都市部を問わず、脆弱化した状態にあるといえよう。すなわち、地域コミュニティにおける生活や風習、祭、景観等は、引き継ぐ側、受け継ぐ側の双方の担い手の減少により、その存続が危ぶまれる状況となっているのである。このような脆弱化した地域コミュニティが大規模な災害に襲われると、その生活や風習、祭、景観等を継承することができなくなり、地域コミュニティが崩壊する恐れがある。

3.　社会インフラとしての文化財

　地域コミュニティの復興にその地域に根差した生活や風習、祭、景観といったものが重要な役割を担うことは先述した。この他にも、旧家に伝わるその地域の記録類や道具等の生活用具等、指定、未指定にかかわらずその地域の文化的所産が存在している。これらの地域の文化財は、平常時にはきわめて日常的な存在あるいは忘れ

られてさえいる存在にすぎず、その大切さがことさらに重要視されることはない。しかしながら、災害等により失われた日常を回復しようとする際に、その地域独自の歴史や民俗、風習としての地域の文化財の大切さが強く認識されるようになる。

　地域の復興にはその地域の住民が地域に帰還することができるようにする必要がある。瓦礫を撤去し、更地にして新しい町を作るだけでは、復興とはならない。そこに地域の文化財を取り込むことによりその地域の社会基盤が回復し、住民の帰還が促され、地域の復興が進むのではないだろうか。発災直後においては、人命救助と電気、ガス、水道、交通等の社会インフラの復旧が最優先されるべきであることはいうまでもない。しかしながら、地域の文化財もまた、その地域には欠かすことのできないものであり、社会インフラのひとつとして捉えるべきものである。

　2015年の国連サミットで採択された「持続可能な開発のためのアジェンダ2030」に記載されている17の「持続可能な開発目標（SDGs）」のうちのひとつに「目標11　持続可能な都市」が掲げられている。これは、「包摂的で安全かつ強靭（レジリエント）で持続可能な都市及び人間居住を実現する」というものである。アイコンの中に書いてある文章には「住み続けられるまちづくりを」とあり、さらに解説として社会インフラの整備だけではなく、住民参加によるまちづくりがうたわれ、災害に強いまちや地域をつくることもうたわれている。この目標11を達成するためにはまさに地域の文化財を社会インフラとして位置づけることが必要不可欠であるといえる。

4. 地域の文化財を災害からまもる

　大規模災害が発生すると、多くの文化財も被災する。国が指定、

登録している文化財に対しては、国の補助金の制度により救援される。これらは、ある意味で「お宝」であり、国が「お宝」を救援する制度があると捉えられよう。

　いっぽうで、都道府県や市町村が指定、登録しているものも、被災すると地方公共団体により救援の手が差し伸べられるべきであるが、多くは財政的な面から十分な対応がとられない場合もあるというのが実情である。ましてや、未指定の文化財に対してはほとんどその対応は困難なものとなっている。これまで述べてきたように、地域の文化財は地域コミュニティの復興の原動力ともなるものであり、さらには地域コミュニティの真の復興には地域の文化財の復旧が必要となる。

　地域の文化財を社会インフラのひとつとして位置づけなければならないことは先述したが、そのためには、行政として地域の文化財のリストを作成するだけでなく、日常的に「文化財とは？」という根源的な問いかけを学校教育や社会教育等を通しておこない、地域の文化財に対する意識を高めていく必要があろう。

　また、文化財が大切にされることは重要なことであるが、それゆえに特別な存在となり、地域社会の中において別の世界のものとして位置づけられてしまうと、地域コミュニティの中において本来の地域の文化財がもつ力を発揮できなくなることも懸念される。あくまでも文化財には地域性があり、地域との結びつきが重要であり、地域コミュニティの日常の中に意識されていなければならない。

　災害時において、地域コミュニティによってその復興の速度は大きく異なり、場合によっては復興をなし得ない地域コミュニティも存在する。一概にはいえないが、その復興が速い地域コミュニティは、地域コミュニティの結びつき、絆が深い傾向がある。地域コミュニティの絆は、地域の文化そのものである。したがって、地域の文化の表れである文化財をできるだけ迅速に救援するためには、

日頃から地域の文化財への意識を高めるとともに、いかに災害にあわないようにするか、被災した時にどのように対応するかを地域コミュニティの中で考え、実践していくことも重要である。そのために、地域コミュニティにおいて、地域の文化財の防災に関する講習会やワークショップを通してすそ野を広げていくことも効果的であろう。

「お宝」としての文化財を救うのではなく、地域コミュニティを復旧、復興させるために、地域の大切な存在である多様な文化財を救い、ひいては地域コミュニティの持続的な発展にむすびつけていかなければならない。地域の文化財をまもり、それを継承する担い手は地域の住民である。そこに、行政機関や文化財関連団体がネットワークを構築し、地域コミュニティと連携していくことで、地域総がかりで地域の文化財を確実に継承し、地域の文化的な発展を促すことにつなげられるのではないだろうか。

参考文献

文化審議会 2017『文化財の確実な継承に向けたこれからの時代にふさわしい保存と活用の在り方について（第1次答申）』

文化庁 2019「Ⅰ. 指針の位置付け」『文化財保護法に基づく文化財保存活用大綱・文化財保存活用地域計画・保存活用計画の策定等に関する指針』

コラム4　後回しのツケは大きい　ムシとカビ

文化財が劣化する要因には、温湿度、光、化学物質、そしてムシやカビ等の生物によるものがある。ムシやカビの被害には、食害や分解による破損、糞や泥、色素等による汚損等があげられる。それらの被害は、侵入経路の遮断、定期的な清掃、安定した温湿度管理をすることなど、保存環境を整えることで制御することが可能である。しかし、災害時にはその整えた保存環境が崩れ、ムシやカビなどが大発生することも少なくない。被害の速度は生物種や個体数等により異なるが、場合によって

は、文化財に致命的な損傷を与え、取り返しがつかなくなることもある。そうならないためにも平時に、ムシやカビ被害の早期発見・早期対処の手法を知っておくことが、被害を未然に防いだり、被害を軽減したりすることにつながる。

　文化財を加害するムシ（以下、文化財害虫）は、後述するカビのように数日で大発生することはまずない。しかしながら、粘着トラップ調査や目視調査などで定期的に文化財を監視していないと、いつの間にか文化財が食害・汚染され、修理ができなくなるくらいに深刻な被害になることがある。文化財害虫の早期発見はどうしたらいいのだろうか。一部の文化財害虫では巣や糞、脱皮殻などから種を特定することが可能である。次にその代表例を紹介する。木材を加害するヤマトシロアリやイエシロアリなどは、明るいところを避けて活動する特徴があり、地中から自らの通り道である蟻道（図1）をつくって建物へ侵入する。したがって、建物の床やその周辺を調べて基礎や束石、土台などの表面に蟻道がついていないかを確認する必要がある。木材を加害するケブカシバンムシの糞の形は粗粒状（ネズミの糞の形）を呈しており（図2）、木材から粗粒状の粒が出てきた場合はシバンムシの被害が疑われる。皮革、毛織物、植物標本や昆虫標本などを加害するヒメマルカツオブシムシやヒメカツオブシムシなどは、その脱皮殻（図3、図4）が生息箇所に残ることがある。紙類を食害するヤマトシミやセイヨウシミなどは、紙の表面をなめとるようにして食害したり、糞で汚したりする。シミの糞は細長くて先端が細まったものが多く、そのようなものが紙面上に残っている（図5）。このように蟻道や糞、脱皮殻等の形状などを事前に知っておく

図1　ヤマシロアリの蟻道

図2　ケブカシバンムシの糞
（1目盛りは1mm）

図3　ヒメマルカツオブシムシの幼虫（左）と脱皮殻（右）

**図4　ヒメカツオブシムシの幼虫
（左）と脱皮殻（右）**

と、被害の早期発見・早期対処につなげることができる。そして被災した資料を一時的に保管する場所では、床下や扉、窓など文化財害虫が侵入しやすい箇所をよく観察し、必要に応じて扉下や窓枠などの隙間を埋める。定期的に清掃をおこなって文化財害虫の餌や誘因物質の落ち葉や塵埃、生物の死骸などを取り除いたりする。完全に防げるわけではないものの、これらをおこなうことにより文化財害虫の侵入や発生を抑えることにつなげることができる。

　いっぽうで、カビの発生には栄養と水分が必要で、特に相対湿度が60％を超えるとカビが発生するようになる。カビによって好む湿度は異なるが、一般的に、相対湿度が高ければカビの発生速度は上がり、相対湿度が低ければカビの発生速度は下がる傾向にある。相対湿度がわずかに変わっても、カビの発生は早くなったり遅くなったりすることも明らかとなっている。カビの抑制には低温・低湿度にすることが有効で、水損した資料をいったん冷凍して被害を止める処置は効果的である。水損した資料の場合、好条件では最短で約48時間（2日）でカビが発生するといわれている。被害が起きてから対処まで時間的な余裕がないため、

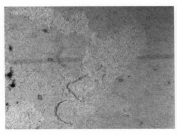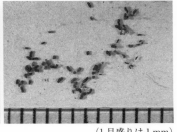

(1目盛りは1mm)

図5　シミの食害痕（左）と糞（右）

平時に冷凍庫を確保しておくことが非常時には役立つ。大量の水損資料が生じて冷凍保存が難しい場合や冷凍庫がすぐに確保できない場合、資料を外気にさらして乾燥させる風乾法や、資料を吸収紙等（例えば新聞紙）で巻いて袋に入れ密閉した後、掃除機等で中の空気を抜いて脱水・乾燥させるスクウェルチ・ドライング法などを用いて、できる限り早く乾燥させてカビを抑制することが必要となる。平時に風乾ができる場所の確認や、スクウェルチ・ドライング法の実技を習得しておくと非常時の救済において有用である。ただし、冷凍や風乾法、スクウェルチ・ドライング法などの各手法は、文化財の材質によって適応できない場合があるので、各手法の特性を十分に把握したうえでおこなう必要がある。

　ムシやカビが文化財に発生すると、被害の程度によっては修復しても戻らないことがある。日頃から、ムシやカビなど生物被害対策のことは後回しせずに、被害の早期発見・早期対処に努めることが、ひいては文化財の防災・減災にもつながるということができる。

参考文献

山野勝次ほか 2018「第4章 文化財の生物被害の調査と予防対策」『文化財の虫菌害防除と安全の知識2019年』公益財団法人文化財虫菌害研究所　44-57頁

佐藤嘉則 2019「文化財IPMとカビの制御」『文化財の虫菌害』78　16-24頁

小野寺裕子ほか 2012「津波等で被災した文書等の救済法としてのスクウェルチ・ドライング法の検討」『保存科学』51　135-155頁

第4章　まずは人ありき
——現場に求められる人材とその育成——

1. 災害と文化財

　ある時に地方公共団体の文化財担当の方がおっしゃった、忘れられない言葉がある。「代替わりで、その家に保管されていた古文書が廃棄されたり、オークションに出されたりするようなことがしばしばあり、文化財にとっては、毎日が、日常が、災害のようなものです」。

　災害というと、多くの方が最初に思い浮かべるのは自然災害だろう。しかし、自然災害と比べればゆっくりと進行するが、社会環境の変化も文化財にとっては日常的なリスクとなり得るものである。自然災害はそれ自体が文化財にとってのリスクであるとともに、社会環境の変化を加速させるという点でもリスクである。文化財の保存と活用を考えることができるのは、それを担う地域があり、人がいることが前提だが、少子高齢化や過疎化はその前提を崩すものとなってしまう。今や社会的な課題と文化財の保存と活用、そして文化財の防災は、切り離すことができないものになっているといえよう。そのため、文化財の防災だけを考えるのではなく、文化財の保存・継承・活用と文化財の防災を一つのつながりの中で考えること、また、地域の抱える課題の中に文化財も位置づけること、防災全般の枠組みの中に文化財も位置づけることが必須となる。そしてこのような取り組みを進めることのできる人材と、これを実現できるような地域のネットワークをつくっていくことが、求められてい

るといえよう。

2. 地方公共団体文化財保護行政主管課の状況

　地方公共団体の文化財保護行政主管課は、文化財保護に関わるさまざまな事務や事業をおこなっているが、文化財担当職員が地方公共団体において潤沢に配置されているかといえば、決してそうではない。2017（平成 29）年の「地方公共団体における文化財保護行政の現状に関する調査結果概要[1]」（文化審議会文化財分科会企画調査会（第 12 回、2017 年 10 月 24 日開催）参考資料）によれば、地方公共団体における職員の配置状況は表 1 のとおりとなっている。

　都道府県や指定都市は一見、職員数が多いように見えるが、この数には美術館・博物館や埋蔵文化財センター等に配置されている人も含まれているため、文化財保護行政主管課単体に限るとかなり減るだろう。

　また、地域の文化財と人々に最も近いのは、基礎自治体である市町村の文化財保護行政主管課であるが、その職員数は少なく、専門職員ともなると非常に少ないことが調査結果から見て取れる。文化財の適切な保存と活用の推進には、専門的、技術的な判断が必要となることも多く、文化財保護行政主管課への文化財に関わる専門的な知識や経験を持つ専門職員の継続的な配置は従来からの課題となっている。

　いっぽうで文化財保護行政主管課は、文化財に関わるさまざまな部局や機関、人々を結びつけることができる「ハブ」という側面も持つ。文化財防災の取り組みは、都道府県や市町村の文化財保護行政主管課だけが頑張ってやる、というものではなく、地域の文化財をまもるための取り組みや情報共有を日常的におこない、災害時にはレスキュー活動等をおこなうような地域のネットワークを構築し

表1　自治体及び自治体付属機関における職員の配置状況

2.　調査結果
(1)　自治体及び自治体付属機関における職員の配置状況（2017年9月現在）
○文化財保護主管課及び付属機関（美術館・博物館、埋蔵文化財センター等）
　　職員の配置状況：　　　　　　　　　　　　　　　　　（　）はうち非常勤の人数

	合計（文化財主管課＋付属機関）（人）	うち専門的な知識や経験を持つ者（人）（重複あり）				
		美術工芸品	建造物	記念物・埋蔵文化財	民俗文化財	無形文化財
都道府県	45.2(5.5)	4.9(0.4)	2.0(0.1)	20.5(2.9)	1.7(0.2)	0.4(0)
指定都市	25.8(4.6)	1.9(0)	1.3(0.1)	14(2.6)	0.7(0.4)	0(0)
中核市	21.6(6.2)	1.9(0.4)	0.7(0.1)	8.8(3.0)	1.2(0.6)	0.2(0.1)
一般市	7.3(2.1)	0.5(0.2)	0.1(0)	2.8(0.5)	0.3(0.1)	0.1(0)
特別区	8.8(4.0)	0.8(0.5)	0.3(0.2)	2.3(1.5)	0.5(0.3)	0.4(0.3)
町	2.4(0.4)	0.1(0)	0.1(0)	0.8(0.1)	0.1(0)	0.03(0)
村	1.7(0.3)	0.1(0)	0.1(0)	0.3(0.1)	0.1(0)	0.03(0)

※文化財保護主管課及び付属機関（美術館・博物館、埋蔵文化財センター等）
　の職員
※「専門的な知識や経験」を持つ者の例：
　・学芸員や建築士等の資格保有者
　・高専、短大、大学で関係する学科を卒業し、当該分野の文化財の保存や取
　　り扱いについて、専門的知識を有している者
　・5年程度の実務経験を有し、今後も当該事務を担当する予定の者　等

　ていくことが必要である。加えて、人と人とのつながりは、ネット
ワークを強固なものとし、スムーズな連携のために欠かすことので
きない要素である。平常時からの顔の見えるつきあいは、災害発生
後のレスキュー活動等においても活かされる。まさに人ありき、で
ある。
　次節からは、文化財防災を、文化財保護行政主管課が担うこと
（しか担えないこと）、他の部局と協働で実施すること、外部の専門
的な機関や人々、そして地域の人々と協働すること、という視点か
ら考えたい。

3. 文化財保護行政主管課の役割

　地方公共団体における文化財の保存・継承・活用、そして防災に関わる取り組みは、文化財保護行政主管課のみならず、学校教育・社会教育、防災・危機管理、まちづくりや環境、観光など、他の部局の施策とも密接に関わってくる。

　2018（平成30）年の文化財保護法の改正により、都道府県による文化財保存活用大綱（以下、大綱）の策定および市町村が作成する文化財保存活用地域計画（以下、地域計画）の文化庁長官による認定等が制度化されたが、「文化財保護法に基づく文化財保存活用大綱・文化財保存活用地域計画・保存活用計画の策定等に関する指針[2]」には、都道府県文化財保存活用大綱について、「大綱は、都道府県における文化財の保存・活用の基本的な方向性を明確化するものであり、当該都道府県内において各種の取組を進めていく上で共通の基盤となるものである。」とあり、また文化財保存活用地域計画については、「地域計画は、大綱を勘案しつつ、各市町村において取り組んでいく目標や取組の具体的な内容を記載した、当該市町村における文化財の保存・活用に関する基本的なアクション・プランである。」とある。

　大綱や地域計画は、地方公共団体の総合計画とはもちろんのこと、他部局が作成するさまざまな行政計画とも整合性を図るとともに、さまざまな施策を連携させていくことが求められる。

　学校教育や社会教育との連携は、きわめて重要である。2017年の文化審議会「文化財の確実な継承に向けたこれからの時代にふさわしい保存と活用の在り方について（第一次答申）[3]」には、「文化財の継承に欠かすことができないのが、地域住民の存在である。文化財を通じて地域住民がふるさとへの理解を深め、文化財継承の担い

手として様々な活動に主体的に参画することが、文化財と地域社会の維持発展に不可欠である。」とある。学校教育や社会教育を通じた普及啓発や人材育成も、非常に大切である。

　また文部科学省は、2019（平成31）年3月31日現在の各都道府県・政令指定都市・中核市の教育振興基本計画の策定状況を公開している⁽⁴⁾が、これによると教育振興基本計画は、すべての都道府県と指定都市で策定済みであり、市区町村においても80%以上が策定済みとなっている。この教育振興基本計画では、文化財を活用した教育の推進について触れられている。子どもたちが文化財をとおして地域の歴史と文化を学んだり、関心を深めたりすることができるような取り組みを進める必要がある。

　文化財防災の観点からは、防災・危機管理所管部局との連携も、きわめて重要である。防災基本計画⁽⁵⁾は、災害対策基本法第34条第

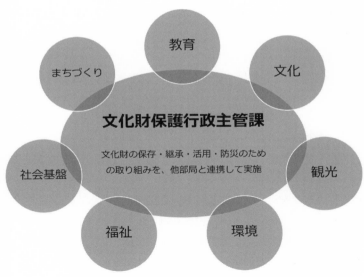

図1　文化財保護行政主管課と他部局との連携

1項の規定に基づき、中央防災会議が作成する、政府の防災対策に関する基本的な計画であり、地方公共団体は防災基本計画に基づき地域防災計画を作成する。この地域防災計画に文化財の保全に関する記載を盛り込むことで、日常の文化財保護業務の中でも防災を意識し、業務と文化財の防災を具体的に結びつけられるようになる。そして、災害時においては具体的な行動の指針になるとともに、職員派遣や他の地方公共団体との相互支援等も含め、さまざまな対応の根拠にもなる。また、これにより、文化財保護行政主管課だけでなく防災・危機管理の部局をはじめとする地方公共団体全体で文化財の防災を認識してもらうことができれば、業務継続計画の非常時優先業務に文化財の被害状況調査や応急対応を入れるといった動きにもつなげることができるだろう。

このような地方公共団体の他部局との連携は、文化財保護行政主管課しか担えないことであり、他の部局と協働で文化財の保存・継承・活用、そして防災の取り組みを進めるために、日常的な連携が求められる。

4. 地域のネットワーク

先述の防災基本計画には、「防災には，時間の経過とともに災害予防，災害応急対策，災害復旧・復興の3段階があり，それぞれの段階において最善の対策をとることが被害の軽減につながる。」とある。文化財の防災を考える時にも、この三つの段階それぞれにおける取り組みや対応を検討しておく必要がある。そして、このような文化財の防災に関わる一連の取り組みをおこなうことのできる地域のネットワークをつくることが求められる。文化財防災の取り組みは、地域の文化財に関わるさまざまな機関、人々の連携の上にはじめて成り立つものであり、文化財を災害からまもるためには、こ

のような体制を構築し、実際に機能するものにしていくことが重要
である。

　都道府県内の連携体制は、都道府県の文化財保護行政主管課を中
心に、市町村の文化財保護行政主管課、都道府県立・市町村立の機
関、博物館のネットワーク、史（資）料ネット、大学、建築士会、
学会等による、地域の文化財をまもるための取り組みや情報共有を
日常的におこない、災害時にはレスキュー活動をおこなうネット
ワークである。連携体制にはさまざまな形があり、それが地域の現
状に即した形でなければ意味をなさない。「文化財保護行政主管課
が教育委員会か知事部局か」、「県立博物館、美術館、図書館、公文
書館（文書館）の所管、管理運営方法」、「博物館のネットワークや
史（資）料ネット等の有無やあり方」なども都道府県によりさまざ
まである。さらに地域防災計画や業務継続計画については、文化財

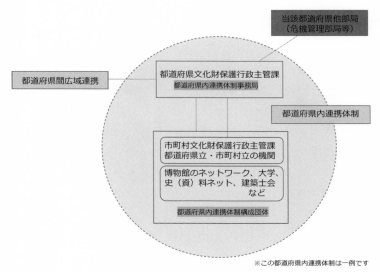

※この都道府県内連携体制は一例です

図2　都道府県内連携体制の概要

保護行政主管課ではなく、危機管理部局が担当しているのが通常である。連携の形が都道府県によって異なるのは当然であり、先述のとおり実際に機能する形であることが重要である。そして、その存在を地域防災計画や文化財保存活用大綱、文化財保存活用地域計画やマニュアルに明記しておくことも重要である。このことは、地方公共団体が平常時および災害時に、文化財の保全に向けて動くための根拠となる。

　地域のネットワークの活動は、平常時と災害時に分かれる。具体的には以下のような活動である。

【平常時の活動】

　　情報収集体制の整備、支援活動のための体制整備、文化財の所在調査とリスト化、人材育成、所有者や地域の人々等への文化財と文化財防災に関する普及啓発、被災文化財緊急避難場所の事前確保等

【災害時の活動】

　　事務局（都道府県の文化財保護行政主管部局）は被害情報の収集、集約・整理、共有、支援内容調整、外部への支援要請、活動の調整等

　　連携体制参画団体等は情報提供、レスキュー活動、支援

　災害が発生してからではなく、日常的なネットワークの構築と平常時からの活動が、災害時にも重要になる。文化財防災は、日常的な文化財保全の取り組みの延長線上にあるといえる。

5.　人材育成のための総合的な研修プログラム

　先述の通り、地域にある文化財は社会環境の変化により常に滅失の危機にさらされており、日常的な文化財保全の取り組みが重要になっている。そして災害は、この危機を加速させることから、災害

から文化財をどうまもるかも同時に考えるべき課題である。

　文化財防災の観点からは、平常時におこなう災害予防・減災の取り組みが最も重要であることはいうまでもない。いっぽうで、そのような取り組みをしてもなお、文化財が被災してしまった場合に、どのようにして救援や応急的な対応をし、復旧させていくか、そしてその経験をさらなる減災の取り組みにどのようにつなげていくか、という一連のサイクルを通して文化財の防災を考えることも、また重要である。地域の文化財を災害からまもるためには、このサイクルを考慮した、地方公共団体の文化財担当者、博物館や美術館、資料館の学芸員、公文書館や図書館の専門職員等を対象とする総合的な研修プログラムの構築と、これを通した人材育成が必要である。

　2020（令和2）年に設立された文化財防災センターでは、このような考え方に基づく研修事業の実施を目指している。ここでは、その研修プログラム等について紹介しておきたい。

　研修プログラムについても、災害予防、災害応急対策、災害復旧・復興という、防災の三つの段階それぞれにおいて、どのような知識や技術が必要であるかという視点から検討することが望ましい。また、災害復旧・復興については、個々の地域の状況に応じて内容が変わってくることが想定されるため個別対応になるが、災害予防と災害応急対策の研修については、「基礎研修」で基礎的な知識を包括的に学習し、基礎研修で得られた知識を「発展／応用研修」で具体的な施策や対応につなげられるような、基礎と発展／応用の段階を設けることとしている。

　実施形態についてもさまざまな検討がなされている。eラーニングは時間や場所に縛られることなく受講でき、また現在の新型コロナウイルス感染症の拡大といった状況においても、安全を確保しつつ受講できることから、講義系の研修については学習管理システム

を導入することとしている。

　以下は研修の具体的な内容である。

（1）文化財防災基礎研修

　災害は文化財の滅失の危機を加速させるため、災害から文化財を
どのようにしてまもるかは大きな課題である。文化財の防災は、文
化財単独で考えることがらではない。防災の枠組みの中で考えるこ
と、即ち防災基本計画や地域防災計画等に文化財を位置づけること
で実効性を持つ。また、地域防災計画やマニュアルで、行政（都道
府県、市町村）、所有者、施設管理者、域内の文化財関連団体、そ
して地域の人々の平常時と災害時の役割を明確にし、具体的な取り
組みに結びつけること、さらには業務継続計画の非常時優先業務に
文化財の被災対応を入れることにより人員を確保することで、災害
時の早い段階から文化財の被害状況調査や応急対応がおこなえるよ
うにすることも必要である。

図3　研修プログラムの内容

　これを可能にするためには、災害とは何か、防災とは何か、災害の種類、といった基本的事項はもちろんのこと、先述のような取り組みの基礎となる災害対策基本法、防災基本計画、大規模地震防災・減災対策大綱、地域防災計画、業務継続計画といった関連法令や各種計画、ハザードマップによる被害想定等についての知識を得られるような研修が求められる。

　また、文化財の防災は日常的な文化財保全の取り組みの延長線上にある。大綱、地域計画において文化財防災をどのように考えるかも、研修で取り上げる必要がある。

(2) 文化財防災発展／応用研修

　文化財防災基礎研修で基礎的な知識を得た後は、事前の備え、すなわち平常時からおこなうべき取り組みを検討できるようにするための研修が必要である。具体的には、以下のような内容である。

- ●連携体制（ネットワーク）の構築：地域内関係諸機関の連携。平常時と災害時の取り組み。都道府県間の広域連携。
- ●計画やマニュアルの作成：地域防災計画、業務継続計画、文化財保存活用大綱・地域計画、各種マニュアル
- ●文化財の被害想定と対策：災害の種類、災害リスクの把握、ハザードマップに照らした対策
- ●文化財の調査：文化財情報把握のための調査、文化財リストの作成、文化財地図の整備、情報管理、関係諸機関での情報共有
- ●文化財収蔵施設や文化財建造物の耐震補強や防火設備等の整備
- ●文化財の避難など：事前の避難、寄託、防犯対策、災害時の文化財の一時避難場所や搬送体制の検討。応急対応に必要な消耗品等の備え。

(3) 被災文化財対応基礎研修

　災害応急対策の基礎研修では、災害が発生し文化財が被災してしまった場合に、どのように対応すればよいかを考える必要がある。大規模災害時の文化財レスキュー事業、文化財ドクター派遣事業といった過去の事例や、地震や水害といった災害の種類別の対応、文化財類型別の対応、ならびに災害対応時の安全対策等についての知識を得るとともに、災害対応の体制や文化財関係機関との連携についても、この研修で取り上げることとしている。

(4) 被災文化財応急処置ワークショップ

　文化財が被災するような災害が発生した場合、多種多様な文化財が同時に被災していることがほとんどである。被災した文化財の救援に関わる者には、その分野の専門家でないとしても、文化財の状態の更なる悪化を防ぐため、被災場所から安全な場所への移動や応急処置をするといった対応が求められる。災害応急対策の発展／応用研修では、移動時の取り扱いや応急処置のワークショップを通じて、実際に手を動かすことにより、何をどのようにすればよいか、何をどこまですることができるか、具体的な対応方法や注意点を学ぶ必要がある。また、カビや虫害などへの対応、一時保管環境をどのように整備するか等のワークショップもあわせて実施することとしている。

6. 未来に向けて

　20XX年、地方公共団体の文化財保護行政主管課では、文化財の保存・継承・活用と文化財の防災は一つのつながりの中で考えられるようになった。日常的な管理や把握、減災に向けての取り組み、そして災害時における、さまざまな事象による、多様な文化財

の被害に対応するため、他部局との協働や、外部の専門的な機関や人々、そして地域の人々との協働で、平常時からさまざまな取り組みが進められている。

　文化財の防災にとって、地域の連携体制のような枠組み、さまざまな計画やマニュアルは必要不可欠であるが、これだけでよいかといえばそうではない。人と人とのつながりは、平常時にも災害時にも、スムーズな連携のためには欠かすことのできない要素である。ただし、属人的にならないようにすることはいうまでもなく、関係者はみな、相互にゆるくつながっている。
　この状況を実現するため、今後は、地域のネットワークの構築、人的ネットワークの構築、研修を通した人材育成が求められる。

註

(1)「地方公共団体における文化財保護行政の現状に関する調査結果概要」（文化審議会文化財分科会企画調査会（第12回）配布資料）https://www.bunka.go.jp/seisaku/bunkashingikai/bunkazai/kikaku/h 29/12/pdf/r 1397658_14.pdf（2022／7／17 閲覧）

(2)「文化財保護法に基づく文化財保存活用大綱・文化財保存活用地域計画・保存活用計画の策定等に関する指針」
https://www.bunka.go.jp/seisaku/bunkazai/bunkazai_hozon/pdf/r 1417309_01.pdf（2022／7／17 閲覧）

(3)「文化財の確実な継承に向けたこれからの時代にふさわしい保存と活用の在り方について（第一次答申）」
https://www.bunka.go.jp/seisaku/bunkashingikai/sokai/pdf/r 1391804_01.pdf（2022／7／26 閲覧）

(4) 各都道府県・政令指定都市・中核市の教育振興基本計画の策定状況（平成31年3月31日現在）
https://www.mext.go.jp/a_menu/keikaku/doc.htm（2022／7／18 閲覧）

(5) 防災基本計画（令和 4（2022）年 6 月）

　　https://www.bousai.go.jp/taisaku/keikaku/pdf/kihon_basicplan.pdf

　　（2022／7／26 閲覧）

(6) 地域を主体に資料保存を実践する団体の総称として、ここでは便宜的に
　　このように呼ぶ。

コラム5　活躍が期待される文化財専門職員

　山本幸三地方創生担当相は、2017（平成 29）年 4 月 16 日、大津市で
開催された講演会のなかで「一番のがんは〝文化学芸員〟と言われる人
たちだ。観光マインドが全くない。一掃しなければ駄目だ」と述べた。
この講演会は、滋賀県が観光を活かした地方創生をテーマに企画したも
ので、山本氏は「『地方創成』加速の戦略─全国の優良事例─」と題して
講演した。報道によれば、海外の有名博物館の改装時のエピソードや二
条城の英語での案内表示を例にあげ、観光精神を持たない学芸員によっ
て、文化や歴史を活用した観光振興が阻害されていると批判したという。

　当然のことながら、この発言は大きな波紋を呼んだ。個人レベルでの
批判はもちろん、博物館関係団体や関係学会が反論・批判のメッセージ
を寄せた。相次ぐ批判に、山本氏は翌日に発言を撤回、陳謝した。ただ
し、その後、21 日の衆議院地方創生特別委員会では「観光立国の観点か
ら文化財を地域資源として活用することが重要。学芸員にも観光マイン
ドを持ってほしい」と述べていることから、歴史・文化を観光資源とし
て活用することを期待する考えに変化はなかったと思われる。

　発言当時に尽くされた批判ではあるものの、ここでは、山本氏が「観
光マインドが全くない」と表現した各学芸員の判断は、文化財を長きに
わたって保存するために下されたものであったことを改めて強調してお
きたい。

　「文化財保護法」はその目的を、「文化財を保存し、且つ、その活用を
図り、もつて国民の文化的向上に資するとともに、世界文化の進歩に貢
献することを目的とする」と定め、保存と活用を文化財保護の重要な柱
と位置づけている。学芸員も含め文化財保護行政に携わる文化財専門職
員は、文化財を次世代に確実に継承するため、文化財の性質に応じた適

切な保存・管理と、その価値を広く共有する活用の両立に努めてきた。山本氏の発言は、これまでの文化財行政における蓄積には目を向けず、文化財が持つ一側面、つまり一時的な経済的効果に注目するものであったといえる。

　この一連の出来事は、地域の歴史や文化を今に伝える文化財が、さまざまな文脈で位置づけられ、効能を期待される現状を象徴する。現在、文化財への扱いに、文化財保護の原則とは異なる観点からの要望が寄せられることも増えている。この状況は各文化財に関する専門的知見や価値を、一般にわかりやすく伝えるだけでは解決できない。文化財に寄せられる期待や要望を整理し、長期的視点で適切に保存する手立てへと落着させる作業を必要とする。そして、その作業の最前線には、おそらく、所有者・管理者や保存会等の団体と日常的に関わる、市町村や都道府県の文化財行政担当者や学芸員等の、専門職員が立たざるを得ないのである。

　異なる立場や考えに立つさまざまな関係者と協議・交渉を繰り返し、話を進める必要がある点は、本書で紹介する「文化財防災」も同様だ。人命や家屋、財産や生活等、大災害で脅かされるものが多様であることを考えると、むしろ文化財の枠に留まらず、防災という課題に、文化財行政に関わる者が、当事者の一員として能動的に関わることが必要だという見方のほうが適当かもしれない。

　今後は、文化財を防災の対象に位置づける認識を一般に広げ、その他の防災対策と協調しながら具体的な策を講じていく必要がある。すでに現状は、災害発生後の応急的対応の体制づくりから一歩前に進んで、事前対策を具体化する段階に入っている。作業を進めていくためには、先に述べた保存と活用の両立の問題と同様、文化財の継承のための取り組みに力を尽くしてきた、文化財行政担当者や学芸員の経験や知識が必要不可欠となるだろう。

　保存に活用に防災にと、文化財をめぐる現代的な課題は山積している。文化財行政担当者の業務量は増え、眼前の業務への対応に手一杯と感じる状況もあるだろう。ただし、過去の大災害発生時に、全国の文化財関係者が連携・協力し被災地の文化財をまもった例を思えば、関係者同士で協力することで拓ける道があることは明らかだ。

今はひとまず、市町村、都道府県、国、専門機関や学会、任意団体、所有者や管理者、地域社会等、文化財に関わる人々が連携し、協業できる体制を構築することを、次段階へ歩みを進めるステップと考えたい。多くの人が協働することは時として手間や時間を要するいっぽうで、担当者一人では前進が難しい局面を打破する可能性を秘めていると考える。

第5章　文化財がつなぐ地域のくらし

1. 地域社会における文化財

　文化財というと、博物館で展示されているもの、有名な社寺に祀られているものを想像しがちである。しかし、そうした文化財は国宝や重要文化財のように、指定されている文化財である。そして、国内には、その何倍もの指定されていない文化財も存在する。本書で紹介してきたように、こうした未指定の文化財の代表が、博物館に収蔵されている収蔵資料ということになる。これらは博物館によって価値づけられている未指定の文化財である。しかし、それ以上に多くある未指定文化財が、日常の生活の場にある。地域のお寺にある仏像が、鎌倉時代、平安時代につくられたものであることも、数は多くないとはいえ、目にすることがある。そうした文化財的な価値とは別に、それが明治時代につくられた仏像であっても、信仰の対象として等しく地域社会の中に息づいているのである。こうした未指定文化財までをも考えると、その量は想像をはるかに超えるものとなるであろう。

　文化財の救援活動は指定文化財のみを対象とせず、未指定文化財も対象とするのは、未指定文化財が将来の指定候補であるという文化財保護行政の論理もあるが、それ以上に、文化財としての価値と同時に、地域社会におけるくらしの文化としての価値を有しているからでもある。では、くらしの文化として、どのように指定・未指定を問わない文化財は存在するのであろうか。ここではいくつかの

文化財をとおして、地域のくらしの文化との関わりを紹介し、その文化財を救援する、防災に取り組む意義について考えてみたい。

2. 祭礼行事とくらし

　くらしとの関わりにおいて、最もわかりやすい文化財として無形民俗文化財がある。生活の推移を示す文化財である民俗文化財は、日常のくらしのなかの行為や、使用する道具が保護の対象となっている。しかしながら身近すぎるが故に、文化財の価値に気がつきにくい性格をもっている。地域の神社のお祭りでおこなわれる行事や芸能は、文化財指定されている例も多く、指定されることにより文化財であることが地域の人たちにも知られる。しかし、指定されていないとどうなるのであろうか。

　宮城県女川町には、獅子振りとよばれる獅子舞が伝えられている（東京文化財研究所 2021）。獅子振りは、毎年正月の春祈祷行事と、5月の連休中におこなわれる鎮守の祭礼において舞われる。特に春祈祷は各家いえを回り、家の中の魔除けをおこなう行事であり、新春に欠かせないものであった。獅子振りを担うのは、実業団と呼ばれる組織である。年齢的には20代から30代の男性を中心とした組織で、家の戸主よりは若く、青年団よりは少し年齢が上の世代の集まりである。この実業団は、獅子振りだけではなく春祈祷行事、そして鎮守の祭礼を実施する主体となる。あくまでも行事における役割の一つとして獅子振りがおこなわれている。三陸沿岸の小さな入り江に集落が広がる女川では、20ほどある集落のほとんどに獅子振りが伝わり、春祈祷に際して悪魔払いの獅子振りがおこなわれている。春祈祷は、1月1日から3日の期間に、町内の多くの集落でおこなわれる。集中して同じ時期におこなわれることもあり、他集落の獅子振りの存在は知っていても交流するものではなかった。

　どの集落の獅子振りもよく似た囃子に合わせて舞われる。筆者には似ていると感じるが、地元の人たちから話をうかがうと、全然違うとのことである。獅子頭も、それぞれの集落が伝手を頼ってつくっており、それぞれ個性的な顔立ちをしている。どの集落も自分たちの獅子頭を自慢に感じている。このように、いわば、集落の自慢の一つとして獅子振りは存在していた。近年、町を挙げて毎年7月に開かれる夏のイベント「おながわみなと祭り」において、「海上獅子振り」がおこなわれるようになった。各集落が漁船を大漁旗で飾り付け、船上で獅子舞をおこなう行事である。ハイライトは、漁船から岸壁に上がり、一斉に全集落が獅子振りをするところである。こうした機会をとおして、話を聞いていた他の集落の獅子振りを目にする機会となるとともに、違いを知る機会ともなった。

　では、獅子振りが特別なものか、というと必ずしもそうではない。獅子振りは正月に毎年家に来るものであり、子どもの頃から当然存在しているものである。囃子にしても慣れ親しんだリズムを刻むもので、恒常的に練習するものではない。春祈祷で家いえを回るうちに思い出していくものである。そして、獅子振りは行事の主要目的ではないということも肝要である。あくまでも、春祈祷行事は、集落の中に入り込んでいる魔を除け、清浄な場で正月をすごすための行事なのである。

　獅子振りは実業団が担うが、同時に行事全体も実業団が担う。行事の目的である祈祷札の配布や祝儀の管理、神社での神事の準備、昼食の手配など行事運営に関わる仕事がある。こういう仕事の一環として獅子振りがある。観察していると、獅子舞は実業団の人だけが担うことが多いのに対して、囃子は、実業団の人だけではなく、OBとなる戸主層の年配者や、集落によっては女性や子どもが担うこともある。行事で獅子振りに随行して歩く人たちも関われる位置づけである。集落の人たちは、家のなかで獅子一行を待つととも

に、自分たちもともになって集落を巡る。子どもたちにとっては、ともにすることで、獅子振りの囃子と舞を覚えていく。

3. 災害後の祭礼行事

　こうした獅子振りが、東日本大震災に遭い被災した。多くの集落で、獅子頭や楽器が流出したのである。女川の獅子振りは、その後大きな支援を受けることとなり、おながわみなと祭り・海上獅子振りを復活させよう、を合言葉に、女川獅子振り復興協議会を組織し活動を続けていくことになる。ここではその第一歩を紹介しよう。

　竹浦集落では、1戸を除きすべての家が被災した。避難所から遺留品を捜す日々をおくっていたが、4月下旬より、県の方針で二次避難が始まった。避難所運営などの労力を低減し、復旧を加速するため、内陸部のホテルなどを避難所とするものである。竹浦の人たちの多くも、まとまって秋田県仙北市の観光ホテルに二次避難することになった。この直前、旧自宅まわりで遺留品を捜していた男性は、囃子につかう自分の笛を発見した。即座に拾い上げ、水で洗い持ち帰った。なぜそうしたのか記憶がないとのことである。仙北市のホテルに落ち着いた竹浦の人たちは、宴会場のステージで太鼓を見つけた。そして獅子振りの太鼓をたたき始めた。先に紹介した男性は笛を持参していたことを思いだし、吹き出した。獅子振りの囃子を聞いたおばあちゃんたちは、「おすす（獅子）さまがいないと」といって、座布団とスリッパ、あたりにあるもので獅子頭をつくった。そして皆で獅子振りを楽しんだという。座布団製の獅子頭「おざぶ」は今も当時を象徴するものとして、大切に保管されている（図1）。

　なぜ、彼らは遠く離れた秋田の避難所で獅子振りを始めたのであろうか。もちろんそこには娯楽という側面はあったであろう。しか

し筆者がみるところ、獅子振りは日常と密接に関わっており、津波被害により日常の暮らしがすべて失われた中で、獅子振りはその場で唯一日常を取り戻すことができる術だったのではないかと考えている。そう考える

図1　座布団製獅子頭「おざぶ」(2013.9.7撮影)

と、避難所に向かう際に笛を持参しようと思ったことも理解できるのではないだろうか。

　民俗学では、春祈祷のような行事をハレと呼び、日常生活であるケと対比する考え方がある。ハレは日常とは異なる特別な状態にあることを指す。ただし、このハレとケの考えは異論もあり、例えば日常の空間である家の中にしめ縄を張った神棚があるように、ケの空間にハレの空間が同居するような例もある。ハレとケは排他関係にあるのではなく、同時に存在しえるという考えである。春祈祷はハレの空間であるが、その中にケの獅子振りがある、ということも成立するのである。獅子振りはハレの場の踊りとしてだけではなく、ケの存在である、というように両面を持って地域の中に存在しているのである。

　津波で失った獅子頭や用具をまずは取り戻して行事を再開する。そして、港湾の整備が終わった後に開かれる「おながわみなと祭り」での海上獅子振りの再開を目指していくこととなった。それは、身の回りからはじまり、町全体の復興につなげる、一歩一歩、震災前の日常を取り戻す活動と結びつくということである。日常的

図2 再開した海上獅子振り（2022.7.24 撮影）

に文化財として意識されていない文化財である獅子振りが、被災直後、そして復興後の暮らしを結びつけている例である（図2）。

このように、専門家がみれば文化財であるものが、地域社会の暮らしの中では文化財として意識されずに存在し、それが故に、災害の前後をつなぐ存在があるのである。

4.　地域のランドマーク

地域のランドマークとなっている文化財も、被災・復興の象徴となる文化財である。2016年に発生した平成28年熊本地震における熊本城はその代表例である。同時に熊本地震では、熊本城修復のために寄せられた多数の寄附を中心に、熊本城や阿蘇神社といった国指定文化財以外の修復にも使える「平成28年熊本地震被災文化財等復旧復興基金」を設立した。この基金は国、県、市町村の指定文化財のみならず、未指定文化財も対象にしたことが特徴となっている。基金設立までの経緯を記した、熊本県教育委員会文化課による『平成28年熊本地震文化財復旧記録集』[1]には次のように記されている。

　2　文化財復旧への支援
　　(1) 民間からの支援（第2章）
　　　文化財の被害状況を受け、発災直後から、復旧を目的とした

寄附金の申出が県に寄せられた。また、平成28年7月には、地元経済界や熊本ゆかりの人々を中心とした「熊本城・阿蘇神社等被災文化財復興支援委員会（以下「支援委員会」という）」が発足し、民間による組織的な募金活動が本格化した。これまでに1,130の団体および個人から総額約44億円以上（令和4年2月時点）の寄附金が寄せられ、県における過去の災害関係の寄附金では例がない規模となった。同29年9月、県ではこの寄附金を財源として「平成28年熊本地震被災文化財等復旧復興基金（以下「文化財基金」という）」を創設し、寄附者の意向に基づき、主に民間所有者の文化財復旧に係る負担軽減に活用している。

　(2) 県の取組み（第2章）

　被災した指定等文化財の復旧に対しては、法律や条例等に基づく国および県等による補助制度がある。とりわけ、熊本地震のような大規模災害復旧の場合は、国による補助率の嵩上げが措置される。しかし、民間所有の文化財の場合、所有者の負担額が過大となり、復旧が進まない可能性があった。また、未指定文化財には補助制度がなく、その復旧費は全て所有者負担となるため、指定等文化財と同様の復旧は困難となることが見込まれた。したがって、県では文化財基金を活用し、民間所有の指定等文化財から未指定文化財までの切れ目ない支援制度を新たに創設し、民間所有者の負担を可能な限り軽減することで、文化財復旧を支援した。なお、この新たな支援制度を活用して復旧対象とする未指定文化財には、以下のように一定の価値を有することを条件とした。

　熊本県の取り組みは熊本地震のランドマークである熊本城を出発に、震災復興の対象として指定・未指定を問わない文化財の修理にも広げた好事例である。同時に、それに足るだけの支援が地域を象

徴するランドマークにはあるということでもある。この動きの第一歩が「地元経済界や熊本ゆかりの人びとを中心とした」支援委員会の発足と募金活動によっている点が重要である。文化財の専門家、行政の文化財部門にいる人たちにとっては、災害時に被災した文化財を復旧しようとすることは当然である。しかし、こうして広範な人びとから自然発生的に文化財の復旧支援の声が上がり組織化されたのは熊本地震が初である。

　そして、県および市では、文化財に特化した平成28年熊本地震被災文化財等復旧復興基金を設け、さらに平成28年熊本地震復興基金でも市町村への補助を追加することで、県指定、市町村指定の文化財のみならず、一部未指定文化財をも対象にして、修復に対する補助をおこなえる枠組みを設けた。出発は熊本城、阿蘇神社の復旧であったが、実際に補助事業化する際には地域の歴史的な建造物も対象に加えられた。国指定以外の文化財は、制度上、補助金を受けたとしても、所有者の負担が大きくなる。こうしたこともあり、特定の文化財に限定せず、幅広く補助をおこなうことになったのである。その対象には、文化庁が企画し、日本建築士会連合会が事務局を務めた熊本地震文化財ドクター派遣事業によって調査がおこなわれた建築からおおむね50年を経た歴史的建造物も含まれている。対象となる歴史的建造物の大多数は未指定文化財であり、修復に対する補助がないものである。そのため公費解体などがあると取り壊しを選択されることが多くなる。文化財ドクター派遣事業による、建築士や建築家、建築学会の会員といった歴史的建造物の専門家による被災調査は、解体か修理をするか逡巡している所有者に修理を選択させる後押しとなった。失われることを回避できたのである。

　同時に、熊本城や重要文化財に指定されている阿蘇神社以外の、建造物などは、万人が認める熊本のランドマークではない。しかしながら、建築からおおむね50年を過ぎた歴史的な建造物は、一世

代以上にわたりその地域に立ち続けてきたものであり、地域に住む人たちとっては、暮らしの中で常に目にはいる存在であった。この点ではランドマークになっている。同時に、地域のランドマークとなる文化財もまた、日常生活の中に溶け込んでいるものである。前項で紹介したような祭礼や行事といった無形民俗文化財同様に、その存在に気がつきにくい性格を有している。そして、災害によって失われると、そのとき初めて存在の大きさに気がつくのである。

　一定の年数が経っている文化財は、失われると二度と取り戻せない存在である。それゆえ、災害を受けても可能な限り現状を維持し、その後、修理をしていくのか、諦めるのか判断をしていくことが望ましい。この「その後」が重要である。被災直後に判断をすることは難しい、自らの暮らし、地域の先行きが見えてくる中で、判断をすることが求められるのである。

5.　埋蔵文化財が生み出す新しい地域の歴史と文化

　地中に埋もれている埋蔵文化財も災害の影響を受ける。土砂崩れなどにより遺跡が壊されるだけではない。復興事業による開発に伴う大規模な発掘の実施である。阪神・淡路大震災時には、埋蔵文化財包蔵地の上にある家屋等が倒壊し、再開発が見込まれた。膨大な面積を集中的に調査する必要があった。一方で、発掘の遅れはその後の開発、即ち復興の遅れに直結することから、迅速な発掘の実施が求められた。この結果、文化庁が中心となり、全国より調査員を派遣する体制を整え、復興事業に伴う発掘調査が実施された。

　このように全国からの職員派遣によって復興発掘がおこなわれた災害は、その後2011年の東日本大震災までないが、いずれも大規模な再開発事業を伴う復興事業と埋蔵文化財の発掘調査により、さまざまな遺跡がその姿を現した。特に東日本大震災では、三陸地方

を中心に、高台移転のためにそれまで人が住んでいなかった丘陵地などを削る必要があったため、これまで全く発掘がおこなわれていなかった場所が対象となった。こうしたこともあり、さまざまな発見につながったのである。

　ここでは、宮城県山元町合戦原遺跡の例を紹介しよう（山元町教育委員会 2022）。山元町の西部丘陵地に位置するこの遺跡は、古墳時代から古代にかけての製鉄遺構と集落跡、古墳や横穴墓を主要な遺構として持つ。防災集団移転促進事業を原因として発掘はおこなわれた。つまり、東日本大震災の津波被害を受けた地域の住民の移転地開発のための発掘調査である。この合戦原遺跡の横穴墓の一つから、2015 年に線刻壁画が発見された。東北地方で線刻壁画を有する墳墓は珍しく、それだけで貴重である。通常であれば史跡指定を目指せる発見といえ、これまでの埋蔵文化財の考え方では、現地保存は当然とされる遺構であった。いっぽう、2015 年、発災から 4 年経った段階の移転事業予定地ということは、すでに 4 年間新居を待っている被災者がいることを意味する。そして、この段階で発掘をしているということは、発掘終了後の造成、そして住宅建築が続くことを示しており、新居へ入居するにはまだ数年の時が必要であることになる。ひとたび現地保存となれば、一から土地の選定、造成をおこなうこととなる。発掘調査は、土地の選定から造成の間に入る作業となる。復興事業は一刻でも早い完工が求められている以上、可能であれば遺跡に掛からない場所を選定しながら、利便性などを鑑みて場所が決められてきた。そのため、代替え地を探すことは困難であった。東日本大震災の復興事業でも多くの遺跡が発掘の対象となったが、ほぼ全てそういう背景から実施されている。

　合戦原遺跡の線刻壁画は、その重要性と復興事業遂行の狭間で、対応が迫られた事案である。そしてさまざまな検討の結果、壁画自体を外して、壁画部分のみ移設保存されることになった。処置され

た後には、山元町歴史民俗資料館にて保存・展示されている（図3）。山元町ではこうした経緯もあるため、線刻画を震災復興の象徴の一つとして位置づけている。それは、復興事業において発見されたというだけではな

図3　合戦原遺跡線刻画の資料館内での展示の様子（2018.11.5 撮影）

く、復興事業を通して内陸に移転し作られた、新しいまちの象徴ともなっている。同時に、遺構が削平された場所に住む人たちにとっては、この地が古代から続く、また、線刻画や銅製馬具や金銅製太刀などの副葬品などから、古代における有力地の一つであった、という歴史を明示する証拠が、近在する町の資料館に残されているということになる。

　合戦原遺跡の線刻画と出土品は、内陸の遺跡からの出土品であるが、同時にその出土経緯から沿岸の津波被害の歴史も包含して存在している。そして、津波による内陸移転の歴史を含めて地域の歴史を伝える存在になっているのである。

6.　災害復興と文化財

　被災した文化財を残すことは望ましい。残せるのであれば、それに反対する人はいないであろう。しかし、災害、それも大規模な災害が起こったときには、優先度の高い、さまざまな判断の中で決める必要がある。文化財をどこに戻すのか。元々あった場所か、新し

い移転地か。どのように修復するのか。どこまで修復するのか。資金はどうするのか。検討すべきことが山のようにある。所有者が一人で決められるものもあるが、お寺の仏像やお堂となれば、檀家の意向を確認する必要がある。いっぽうで、明確な檀家や氏子をもたない祠や堂宇が被害を受けたときは、より幅広く、地域の人の意向をまとめる必要がある。

　こうした意思決定は何を意味するのであろうか。災害により被害を受けた地域社会において、文化財を元に戻すということは、地域にとってどのような意味があるのであろうか。ここで重要なのは、気がつきにくい文化財をどれだけ可視化させるのかということになろう。災害からの復興において、文化財は災害前の地域の暮らしを伝え、スムーズに復興後に作られる新しい地域社会へとつないでいく存在である。それは、復興住宅が建設されるような大規模災害のときに顕著に表れる。家並みの様子が完全に変わり、一見すると一般の新興住宅地のような姿になるなか、長い間地域に伝わってきた、少なくとも生まれたときからずっと存在していた文化財は、新興住宅地にはない、従来の暮らしを引き継ぐものになる。また、祭礼や芸能といった無形の文化財を実施する体制や、文化財をまもる地域の取り組みは、人間関係を再確認する場になり、また、再度構築する際のきっかけにもなる。

　東日本大震災後、2015 年に仙台市で開催された第 3 回国連防災世界会議では、災害へのリスクを低減させるため、仙台防災枠組 2015-2030 を定めている。その総括を示す優先行動として、次の四項目が掲げられている[(2)]。

　優先行動 1 災害リスクの理解
　　災害リスク管理に関する政策及び施策は、脆弱性、能力及び人と資産のリスクへの暴露、ハザードの特性、そして環境のあらゆる側面において、災害リスクの理解に基づくべきである。こ

のような知識は、発災前リスク評価、予防策と緩和策、及び災
害に対する適切な備えと効果的応急対応の開発と実施において
活用することができる。

優先行動2　災害リスク管理のための災害リスク・ガバナン
　　　　　　スの強化

国、地域、グローバルのレベルにおける災害リスク・ガバナン
スは、効果的かつ効率的な災害リスク管理のために大変重要で
ある。明確なビジョン、計画、権限、指針、セクター内又はセ
クター横断的な調整、そして関連するステークホルダーの参加
が必要となる。それゆえ、災害の予防、緩和、備え、応急対
応、復旧のためには災害リスク・ガバナンスの強化が必要とな
り、また、その強化により、災害リスク削減及び持続可能な開
発に関連した各条約の実施機関・機構の間の協働関係や連携を
促進する。

優先行動3　強靱性のための災害リスク削減のための投資

構造物対策（ハード施策）及び非構造物対策（ソフト施策）を
通じた災害リスクの予防及び削減への官民投資は、人、コミュ
ニティ、国及びその資産、そして環境の経済・社会・健康・文
化面での強靱性を強化するために不可欠である。これらは技術
革新、成長、雇用創出の推進要因である。そういった施策は、
人命を守り、損失を予防・削減するのに際し、また効果的な復
旧・復興を確実に成し遂げるのに際し、費用対効果が高くかつ
役に立つものである。

優先行動4　効果的な応急対応のための災害への備えの強化
　　　　　　と、復旧・再建・復興におけるより良い復興
　　　　　　（Build Back Better）

災害リスクに晒されている人と資産を含む災害リスクが増大し
続けていることは、過去の災害の教訓と併せ、応急対応への備

えを一層強化し、災害を予期した行動を行い、対応準備に災害リスク削減を統合し、そしてすべてのレベルにおいて効果的に対応・復旧するための能力を確保することが必要であると示している。女性や障害者に力を与え、男女平等やユニバーサルアクセスを可能とする対応・復興再建・復旧アプローチを公的に牽引し、促進することが鍵となる。これまでの災害に鑑みると、災害の復旧・再建・復興段階については、その備えを発災前に準備しておく必要があり、さらに、国やコミュニティを災害に対して強靱なものとしつつ、災害リスク削減を開発施策に取り込むことなどを通じ、より良い復興（Build Back Better）を行う重要な機会となる。

　ここで示される防災に関わる優先行動では、優先行動1で対象となる場所でどのような災害が起こる可能性があるのか、災害リスクを把握することを求めている。そして優先行動2において、把握したリスクを低減させることで、被災を防ぐ備えを求めている。優先行動3では、仮に防ぐことができない場合でも、被害を最小限にするような努力を求めている。同時に優先行動4において、仮に被災してもそこから速やかに、そしてよりよく復興できるように防災に取り組むことを求めている。ここでのキーワードが外務省の仮訳で使われる「強靱」である。英文ではレジリエンス（resilience）、元に戻ろうとする力ということになるので、回復力としたほうが意味合いは近いと思われるが、レジリエンスを高めることが防災力の向上を意味することを強調している。仙台防災枠組では、文化財／文化に関する防災についても記載があるが、文化財の防災もまた、この優先行動と同じステップが求められている。すなわち平時において、文化財のおかれたリスクを把握し、そのリスクを取り除くもしくは、レジリエンスを強化することで、被災しても速やかに元に戻せるようにしておき、文化財の防災をおこなうということにな

る。

　こうした文化財の防災は、本章でみてきた文化財と地域社会との関わりを考えたとき、地域の復興を助け、「よりよい復興」、すなわち災害発生後の復興段階において、次の災害発生に備えたレジリエンスの向上を図っていこうという考え方で、仙台における国連防災世界会議においてキーワードとして広く用いられたものである。本章で紹介した女川の獅子舞や熊本地震で注目された建造物は、まさにレジリエンスが低い状態にあったものが、文化財として支援の対象となることで再開・再建を果たした。そして、文化財として意識されることでレジリエンスが向上し、次の災害に備えられるというようになっていくと理解される。さらには、文化財と地域社会との関わりを鑑みれば、文化財のレジリエンスの向上が、地域社会のレジリエンスの向上にも好影響を与えるといってよい。

　文化財の防災は、文化財自体が貴重であるからおこなうだけではなく、文化財の防災を通して、地域の防災力の向上をもたらすためにおこなうのである。まさに文化財が地域の暮らしをつないでいるのである。

註

(1) https : //www.pref.kumamoto.jp/soshiki/125/131682.html（2022 年 7 月 28 日閲覧）

(2) https : //www.mofa.go.jp/mofaj/files/000081166.pdf（2022 年 8 月 10 日閲覧）

参考文献

東京文化財研究所 2021『おながわ北浦民俗誌』東京文化財研究所
山元町教育委員会 2022『合戦原遺跡　横穴墓編　第 5 分冊』山元町教育委員会

コラム6　命をまもる文化財──自然災害伝承碑──

　地域社会で伝えられた文化財は、地域の経験を示すものであり、それを継承することで、私たちの命や生活をまもってくれるものにもなることがある。ここでは、人々を災害からまもる文化財「自然災害伝承碑」について紹介する。

　自然災害伝承碑とは、過去に発生した災害についての情報が刻まれた石造物などを指し、2019（令和元）年3月に国土地理院によって地図記号が制定されている。石造物という文化財は、自然災害伝承碑以外にも、石灯籠や道標、石塔、石像など、さまざまな形状で全国各地に存在し、特定の位置に意味をもたせるために、場所を厳選して建てられることが本来の姿である。例えば道標、石燈籠は路傍に立ち方向や通路、境界線を示す。供養碑は墓地や供養対象者に所縁のある場所に立ち、慰霊の空間を形成する。また、寄進先の寺社の境内や修築された橋や堤の傍らに、発起人や寄付者などの関係者の人名を刻んで立てられるなど、人名と土地や施設とを結びつける機能をもつものもある。

　自然災害伝承碑にはどのような意味が込められているのか。多くは表面に刻まれた文字「碑文」を読むことで、理解できる。よく知られている事例に、岩手県宮古市重茂の「大津浪記念碑」に刻まれた以下の碑文がある。

> （上段）高き住居は児孫の和楽、想へ惨禍の大津浪、ここより下に家を建てるな
> （下段）明治二十九年にも昭和八年にも津浪はここまで来て、部落は全滅し生存者僅かに前に二人、後に四人のみ、幾歳経るとも要心あれ

　過去の教訓より、居住地を石碑より高所にするよう警告を発している（図1）。この石碑が建つ姉吉地区の人々は、警告に従い居住地を石碑より高所に限定していたため、東日本大震災の津波が石碑まで押し寄せた際にも人的被害をゼロに抑えている。この例の他にも、居住地域、避難方法、災害の予兆などの「教訓」や、被災状況の「記録」など刻んでいる（図2）。私たちはこれらの碑文を刻んだ先人の意図を汲み、警告を教訓として災害に備えるとともに、この人々をまもる文化財を次世代に継承するべく、石碑をまもる術を検討するべきである。

図1　宮古市

図2　大槌町

図3　宮崎市大字熊野

※すべてひかり拓本による鮮明化画像

　石造物は先述のように建てられた位置に大きな意味をもつため、移設は簡単にしてはならない。また人目に付く場所に建てられることに主眼が置かれることもあり、屋外に建てられる石造物は、それゆえ恒常的な風化作用を受け続けている。この風化作用に対しては、劣化のメカニズムを分析し、亀裂の抑制や水の侵入を防ぐ方法といった保存処理方法を検討する研究もおこなわれている。また、近年では三次元測量のためのセンサーがスマートフォンに搭載されたことによって、三次元での記録が身近な技術となり、石造物の記録においても成果を上げつつある。いっぽうで、地域の人々の手による、想いの継承に重きを置く継続した取り組みもある。大阪府大阪市浪速区の「大地震両川口津浪記」は、毎年8月の地蔵盆に石碑を洗い、文字が読みやすいように墨入れをおこなっている。また、宮崎県宮崎市大字熊野の「外所地震供養碑」（図3）は1701（元禄14）年の最初の一基から320年にわたって、およそ50年間隔で新しい石碑を建立し続けることで、1662（寛文2）年に起きた宮崎県日向灘沖の巨大地震の記憶を今なお継承し続けている。

　どの方法が正しいといえるものではないが、是非地域の実情にあった保存方法を検討していただきたい。

参考文献

大平明夫 2019「宮崎県における自然災害に関連する石碑の特徴と防災上の意義」『宮崎大学教育学部紀要』92

長尾　武 2012「『大地震両川口津浪記』にみる大阪の津波とその教訓」『京都歴史災害研究』13

杜之岩・脇谷草一郎・髙妻洋成 2020「乾湿風化による軟岩製石造文化財の劣化メカニズムの検討」『文化財科学』81

第**6**章　総がかりでまもる文化財

1. 地域でまもる文化財

　2018年、文化財保護法が改正された。文化庁が公表している文化財保護法改正の概要には、改正の趣旨として、

　　過疎化・少子高齢化などを背景に、文化財の滅失や散逸等の防止が緊急の課題であり、未指定を含めた文化財をまちづくりに活かしつつ、地域社会総がかりで、その継承に取組んでいくことが必要。このため、地域における文化財の計画的な保存・活用の促進や、地方文化財保護行政の推進力の強化を図る。[1]

とある。これまで、国指定文化財のみを対象としてきた文化財保護法において、地方指定や未指定文化財も含めて保存と活用を図る必要を明示し、そのために「地域社会総がかり」の体制作りをおこなうための法改正とするとある。文化財保護法では、法第4条1項で「一般国民は、政府及び地方公共団体がこの法律の目的を達成するために行う措置に誠実に協力しなければならない。」とし、さらに2項にて、「文化財の所有者その他の関係者は、文化財が貴重な国民的財産であることを自覚し、これを公共のために大切に保存するとともに、できるだけこれを公開する等その文化的活用に努めなければならない」とする。ここを読むと、文化財を保護する主体は、政府及び地方公共団体と、所有者その他の関係者、ということになる。

　これまで、文化財の保護は、所有者と行政によって実現されるも

のとされてきた。法４条２項にあるように所有者は「自覚し」「務めなければならない」。それを行政がサポートする関係である。もちろん、一般国民も「誠実に協力」することが求められているが、基本的に行政と所有者により文化財が保護されるという考え方であった。2018 年の文化財保護法改正は、この点で、文化財の周りにいる人たちも文化財を保護する主体に組み込むという点で画期的なものである。

　では、この地域社会、文化財のまわりにいる人たち、とはどのような人になるのであろうか。文化庁が記すように地域社会と書かれると、文化財の所在する町内や集落といったものがイメージされる。この法改正の契機となった文化審議会による答申「文化財の確実な継承に向けたこれからの時代にふさわしい保存と活用の在り方について[2]」には、検討の背景として、

　　我が国の社会状況は急激に変化し、過疎化・少子高齢化の進行により地域の衰退が懸念されている。これは豊かな伝統や文化の消滅の危機でもあり、文化財は、未指定のものも含め、開発・災害等による消滅の危機のみならず、文化財継承の担い手の不在による散逸・消滅の危機にも瀕している。このような厳しい状況の中、これまで価値付けが明確でなかった未指定の文化財も対象に含めた取組の充実や、文化財継承の担い手を確保し社会全体で支えていく体制づくり等が急務である。

と記している。「文化財継承の担い手」が過疎化・少子高齢化により危機に瀕しているという認識から、一連の議論が進められたことが理解される。実際、指定文化財においても、民家で後継者がいないことで、所有が続けられないというはなしをよく聞くし、無形文化財において技術の継承者がいないため、中断・廃絶するということも聞かれる。また、過疎化の進行により、世帯数が減り、社寺を維持できなくなることから、管理ができなくなった、というはなし

もある。こうした問題に対処するものとして、「地域総がかり」による文化財継承の担い手づくり、ということになろう。そこでは、地域住民だけが想定されているわけではない。先ほどの「答申」には、行政・所有者から進めて民間の推進主体として「団体」を想定している。いささか長くなるが、「答申」の当該部分をみてみよう。

　エ．民間の推進主体となる団体の位置付け文化財については、これまでも、所有者や所有者を支える地域住民・文化財保存会など、多様な主体により継承が行われてきた。地域計画の実現に向けても、行政だけで完結するのではなく、各地域で活動する多様な民間団体が共に計画の推進主体となり、地域が一体となって取り組んでいくことが大変有効である。このため、地域の文化財の調査研究、保存・活用などに係る民間の活動を積極的に位置付けた上で、民間と公共が、地域の目標や大きなビジョンを共有し、相互に補完しながら協働して取り組めるよう、市町村が、11計画の趣旨に沿って活動する団体とパートナーシップを結ぶことができる仕組みを設けることが適切である。

　（ア）基本的な枠組み団体は、地域計画の策定主体である市町村が指定するものとし、当該計画において、団体の指定の方針などを明らかにし、自らの活動方針が合致すると考えた団体が市町村に指定を求める。市町村は、団体の事業実績や今後の事業計画等を確認して、計画期間中の中長期にわたって連携が可能かどうか等を判断して団体を指定する。この際、一つの市町村が、複数の団体指定を行うことも可能である。ここでいう団体とは、NPO法人、一般社団・財団、公益社団・財団、大学、文化財の保存及び活用の推進を図る活動を行う会社などの法人や、文化財に関する保存会・ネットワーク組織等が想定される。

　（イ）団体の業務内容と市町村への業務報告等団体の業務内容は、地域計画に記載された文化財の保存・活用のための措置に合致する業務であり、その内容は地域の計画に応じて異なるものであるが、所有者等からの文化財管理・修理等の相談、地域の文化財の総合的な保存・活用に関する事業の実施や事業への参加、自ら文化財を取得した上での管理、調査研究の実施などが想定される。また、文化財の保存に懸念が生じることのないよう、団体の指定主体である市町村が業務の報告聴取や改善などの指導、指定の取消しなどができる仕組みとすることが必要である。さらに、国や都道府県も団体への情報提供や指導助言ができることとすることが有効である。

　（ウ）団体との連携の枠組み団体との円滑な連携のため、市町村の判断により、前述の協議会の構成員に当該団体を加えることがあり得る。また、団体がその活動を進める中で、散逸の懸念のある史料や経済的な理由などから解体されそうな建造物を発見した場合などに、市町村に対し、地域計画の枠組みの中に当該物件を文化財として加えることや必要な措置を講じることについて、具体的な提案ができるようにすることも考えられる。

　制度に関わる提言もあるが、大きく整理をすると、文化財の保存と活用に関し役所と提携する団体として、NPO法人以下多様な団体が想定されている。団体は主体的に文化財の保存、活動のための事業の実施と場合によっては買い取りについて記されている点は特筆できる。すなわち、所有者に代わることもできるのである。そしてその団体は、地域社会の住民、文字通り「地域総がかり」によることがイメージされるが、同時に外部の人たちが加わることも可能であるし、過疎化という課題を考えれば、そちらの方が主に想定されるといってもよい。こうした文化財のまもり方は、この「答申」

において突然出てきたものではない。2004年の法改正で生まれた文化財類型の一つ文化的景観では、重要文化的景観の選定に際して、景観法を活用する制度を設けた。景観法では、地方自治体と地域住民とのあいだで景観協定が締結でき、景観誘導に地域住民が積極的に関われる制度をつくることができる。文化的景観の保護では、この制度を用いて、住民が景観の維持に積極的に関われる制度を設けている例がみられる。こうした在り方も、法律の下ではあるが「地域総がかり」による文化財保護の一つの先例となる。また、2010年ごろより、建造物の管理や活用にNPO法人が直接関われる補助制度を文化庁が創設するなど、所有者以外が積極的に関われる体制づくりに取り組んでいる。このように、2000年代にはいると、制度として文化財保護に地域住民が関わる動きがみられ、その到達点として文化財保護法の改正があったといえる。しかし文化財保護の歴史を振り返ると、そもそも、文化財は地域の人と密接に関わることで保護が実現してきたという背景がある。ここではいくつかの事例を紹介しよう。

2.　史跡保存の動きから

　特別史跡平城宮跡は、江戸時代より奈良時代の都・平城宮があった場所であるという伝承が地元に残されていた。1900（明治33）年に関野貞により平城宮大極殿跡に関する論考が発表されると、地元でも顕彰の動きが出てくる。以下、奈良文化財研究所による『未来につなぐ平城宮跡』（2022）を元に、平城宮跡が指定されるまでの動きを振り返ってみよう。関野論文を受けるように、翌1901年に地元都跡村の有志により、大極殿土壇上に標木が設置された。中心となったのは、当時の都跡村村長岡島彦三で、この標木設置は村を挙げての事業としておこなわれていた。さらに、皇室を祀る橿原

神宮、平安神宮の創建をうけ、奈良に平城神宮を平城宮跡に建設する運動へと発展する。この運動は実現ならず、記念碑を建立することを目標とする平城宮跡を顕彰する運動へと転換していくことになる。

　1910（明治43）年、平城奠都1200年を記念する記念碑建立を目指した運動は、奈良の植木職人棚田嘉十郎と、神戸で商業を営む地元在住の溝辺文四郎が中心となり進められた。最終的に石碑の建立は実現せず、標木が立てられただけではあったが、式典の参加者は1万人を超えたと新聞にあり、盛況であった。

　この後、平城宮をめぐる活動は、奈良大極殿趾保存会に引き継がれる。1913（大正2）年に発足したこの保存会は、東京で紀州徳川家当主の徳川頼倫が会長を務め、発起人には華族や奈良県知事が務めていたところに、これまでの活動と大きな違いがある。大極殿跡の保存工事を中心とした事業は、奈良県が積極的に関わっており、地元の有志による運動から大きく性格が変わってきたことが理解される。同時に、一連の事業のなかでは、「御大礼史上深キ由緒アル史跡保存の記念トシテ」という文言があり、史跡、すなわち文化財の保存を意識した運動となっている。そして、大極殿跡の保存整備事業を企画し、それは、1919（大正8）年に制定された史蹟名勝天然紀念物保存法のもとで国指定を意識した事業へと展開していくのである。

　1922（大正11）年、平城宮跡は史跡に指定される。これに伴い、奈良大極殿趾保存会は解散する。運動を記念して、明治時代からの一連の保存運動の経緯を刻んだ「平城宮趾保存記念碑」（図1）を建立した。この碑の除幕式とともに、事業修了式がおこなわれた。以後、平城宮跡は文化財として、国を中心とした保護に取り組まれていくようになる。

　平城宮跡の歴史的な意義を鑑みたとき、その保存活動の中心を国

図 1　平城宮趾保存記念碑（1923（大正12）年建立、奈良大極殿趾保存会の事業修了式時に除幕された。2023年1月9日撮影）

　が占めるということは当然であるともいえるが、その出発点には平城宮跡が位置する地元が関わっている点、そして役職としては村長などの公職者であるが、あくまでも有志によるボランティアとしておこなわれていた点は注目されてもよい。古来より国の都、宮殿があったという伝承が確からしいということがわかったとき、「何かをしよう」ということで、運動が動き出したのである。そして、その運動がさらに人を集めて大きな動きになっていった。平城宮跡という、国の歴史に関わる文化財であるから、ここに紹介したような大きな広がりがあったともいえる。しかしながら、こうした住民から広がる文化財保護運動は各地で見られる。その意味では、平城宮跡の顕彰・保存運動は、あくまでも一つの事例である。

　文化財には、人をつなぐ力が本質的に備わっているということを示していよう。

3.　無形民俗文化財の保護団体

　無形民俗文化財は、「その保存に当たることが適当と認められる

者」（法87条）として保護団体が設定される。無形文化財が保持者、保持団体を認定する、すなわち技術を「保持」している人を明確にするものとは異なり、無形民俗文化財の保護の担い手は「適当」という曖昧な表現がなされている。この保護団体は、○○保存会という名称が付されることが多い。無形民俗文化財では祭礼や行事が指定されることが多いが、法に基づく文化財として、宗教行為と一線を画す必要がある。保護団体は、この文化財の部分の技術等を保存する団体として組織されている。保護団体と似たものとして、文化財保護法では無形文化財の保持団体がある。保持団体は「保持者又は保持団体（無益文化財を保持する者が主たる構成員となっている団体で代表者の定めがあるものをいう）」（法71条）とあり、無形文化財の技術を保持している人によって構成される団体である。保持団体の構成員は追加して認定を受ける必要がある。すなわち、誰でも構成員になれるわけではなく、一定の技術の取得を認定された人のみが入ることのできる組織となっている。

　保護団体と保持団体の最も大きな違いがこの点にある。保護団体は入会資格を定めている例もあるが、必須ではない。民俗芸能のように、芸能を実際におこなう人が明確な場合は、芸を習得している

図2　地域住民全員が保存会員となっている
宮城県気仙沼市、浪板虎舞保存会
（2010年10月31日撮影）

人や、習得のための練習中の人といった、芸能に直接関わる人により保存会が結成される例は多いが、祭礼行事の場合は、関わり方、役割にも差があり、祭礼行事に直接関わる人、というものが定

義できない場合もある。その場合には、祭礼行事をおこなう地域の住民全員、といった会員条件をつける保存会もある（図2）。保護団体は、無形民俗文化財に直接関わらない人も含めてつくることができるのである。

　この背景には、無形民俗文化財では、無形文化財のように保持者を認定という制度がない。これは、民俗文化財が国民の生活に関わる文化財、裏を返すと誰でも担い手になり得るという考えに基づいている。そして、技芸のレベルが必ずしも問われるものでもない。おこなわれている、ということに価値があるのである。そのため、無形民俗文化財に直接関わらない人も含めて、保存に関わる人たちが保護団体に関われるようにしている。また、保持者がいないことから、保護団体が文化財の所有者としての役割を担うことが求められている。とはいえ、保護団体は、芸能であれば担い手、また地域総がかりの行事であれば地域の住民全体、というように、無形民俗文化財に直接関わる人が加わることが基本となる。しかし、実際に保護団体を見ていると、大枠としては、こうした傾向があっても、道具の輸送や準備などを担う人が会員になっていることは多々あり、必ずしも無形民俗文化財に直接関わる人だけで構成されているわけではない。

　そうした中、2003年の文化財保護法の改正により無形民俗文化財に民俗技術が加わった。民俗技術は、生活用具の生産などに関わる技術が対象となっている。こうした生産技術は、椀などを作る職人が集まった木地師集落のように、地域社会全体で取り組む例もあるが、同時に岩手県の気仙大工のように、出稼ぎ大工集団を形成し、定着せずに技術を伝えていく例もある。後者の場合、仮に保存会を作ると、大工技術を持つ職人が対象になるのかも知れない。その中で、井戸掘り技術である重要無形民俗文化財上総掘りの技術は、現在、その技術を伝える職人が一人となっており、保護団体と

して上総掘り技術伝承研究会が定められている。同研究会の web
サイトには、「2006 年に国指定重要無形民俗文化財に指定された
「上総掘りの技術」の指定技術保持者で、三代目井戸掘り職人とし
て上総掘りで 200 本の井戸を掘った鶴岡正幸先生の指導により、伝
統的な井戸掘りの技術伝承に務める指定団体です。(3)」とある。そし
て、「ともに技術を学び、その伝承を継続的に目指すメンバーを常
時募集中。」と web サイトに記すように、上総掘りと直接関わって
いる人ではなく、その意欲がある人が保護団体の構成員となってい
る。この保護団体の在り方について、指定に関わった文化庁の主任
文化財調査官大島暁雄は「技術の伝承者を中心に支援者や共鳴者な
どによって保護団体を結成するなど」と記しており、共鳴者まで含
めると非常に幅の広い人によって構成されることになる。(大島
2007：59 頁)。

　上総掘り技術伝承研究会は、地域の文化を保存しようとする意思
のある人たちが技術を受けつぎ、さらには海外も含めて技術の伝承
をおこなっていこうとしている。まさに、保持者を必要としない無
形民俗文化財の在り方を体現しているともいえる。このように保護
団体は、無形文化財の保持団体と近いイメージがありつつも、本質
的に異なっており、上総掘りの技術は少し特殊な例であるが、ファ
ンクラブ的な色彩は多くの保護団体が多少なりとも有しており、こ
の点では、文化財に惹かれて集まってくる人たちの場として保護団
体が位置づけられているのである。

4. 地域総がかりを意識した文化財

　1972 年に締結された世界遺産条約、2003 年の無形文化遺産の保
護に関する条約、ユネスコによるこれら二つの条約は、日本の文化
財保護行政にも大きな影響を与えている。世界遺産条約に定められ

たことを契機に、2003 年の文化財保護法改正により設けられた文化的景観という新しい文化財類型の設定はその典型であるが、文化財に対する考え方にも影響を与えている。世界遺産条約では、1990年代ころより、文化遺産をまもる人たちに注目をするようになってきている。飯田卓によれば「従来からの意味合いとは「人類史的に重要な建造物や遺跡など」、新しい意味合いとは「担い手の思想や価値観と結びつくことにより人類文化の多様性を示す文化的所産」である」（飯田 2017：12 頁）と整理している。そして新しい意味合いに基づく文化遺産として文化的景観をあげている。さらに、新しいタイプの遺産として現在も稼働中の工場を含むことがある産業遺産をあげる。産業遺産は、「過去からインスピレーションを受けた担い手たちによって維持される」という点で、これまでにない遺産であるとする。

　こうした動きに、文化財保護法も影響を受け、2003 年の法改正では新しい文化財類型として文化的景観が創設される。新しい類型になるように、これまでの文化財保護法では位置づけられない文化財ということである。2003 年ユネスコ総会で採択された「無形文化遺産保護に関する条約」もまた、世界遺産をめぐる潮流に大きく影響をうけた制度である。そして、この条約にもとづく無形文化遺産の代表一覧表に食文化に関する提案が記載されるようになると、2021 年の法改正で、登録無形民俗文化財制度を創設し、食文化の登録が可能となった。このように、ユネスコの文化遺産をめぐる施策は文化財保護法にも大きな影響を与えている。そして本章の冒頭でも述べたように、文化財の継承のために地域総がかりでの取り組みを求める近年の動きは、1990 年代以降の文化遺産をめぐる世界的な議論と密接に関わってきている。

　この担い手を指す言葉としては、「無形文化遺産の保護に関する条約」にある、無形文化遺産の担い手を説明する「communities,

groups and, in some cases, individuals）」が最も近いイメージにな
ろう。外務省による日本語仮訳では、「社会、集団及び場合によっ
ては個人」と訳されるが、文化遺産の担い手としては、社会よりは
コミュニティのほうが近いイメージではないだろうか。このコミュ
ニティや、コミュニティの中のもう少し小さいグループによって保
持されているのが文化遺産ということになる。

　では、担い手を意識した、地域総がかりでの文化財保護の取り組
みとはどういうことなのであろうか。本章でここまでみてきたよう
に、文化財は、人びとを集める力をもっている。そして、文化財を
保存、活用していく原動力となっている。つまり、ユネスコが重視
した「担い手」、文化庁が掲げる「地域総がかり」の取り組みは、
決してこれまでの所有者を中心とした取り組みが行き詰まったこと
から生まれてきたものではなく、ある意味必然であったといえる。

　しかし、ここで考慮すべきは、こうして文化財に集まった人たち
は、どこまで、そしてどのように文化財の保存と活用を捉えている
のか、ということである。さまざまな人が関わるということは、そ
れぞれの文化財に対する考え方も多様となる。ある人は、地域の象
徴として、「きちんと」保存したいと考えているかも知れないし、
ある人は地域活性化のために、「見栄え良く」保存したいと考えて
いるかも知れない。観光のため、自分の仕事に有利になるので、保
存したほうがよいと考えている人もあるだろうし、歴史的に「正し
い姿」で保存することが大切だと考えている人もいる。活用の仕方
も同様であろう。100人いれば100通りの考えがあってもおかしく
はない。ただ、そうした人たちも、その地域にある文化財に対し
て、何かをしたい、という点では一致する。こうした、文化財の周
りにいる人たちを全体として、飯田卓にならい「文化財コミュニ
ティ」と名付けたい（飯田 2017）。

　文化財コミュニティは、地域の文化財に関わる、関心を寄せる人

たちである。それは必ずしも保存会や顕彰会のように組織である必要はない。関わり方にきまりがあるわけではない。もちろん逆も成り立つ。文化財に積極的に関わる人、少しだけ関わる人、そうした、文化財に関わる人全体によって作られるある種の集団が文化財コミュニティとなる。文化財により人が集まり、つながりが作られていく、そういうコミュニティである。

　図3はそのイメージである。文化財保護行政という観点では、文化財は所有者と行政との関わりに、専門家としての研究者が指定時や審議委員として関わる形で保護が進められてきた。しかし、近年の文化財は地域総がかりという表現に代表されるように、より広がった人たちがイメージされている。まさに、広がった関係者が姿

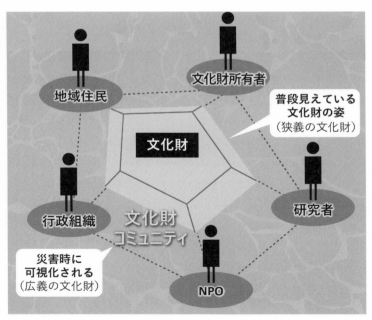

図3　文化財コミュニティ関係図

を現してきたのである。繰り返しになるが、それは、決して新たに加わった人たちではない。これまで見えなかった人たちに、光を当て、改めて、そうした人たちの関わりを位置づけるということである。

5. 文化財コミュニティを通した文化財防災

　文化財の防災を進めていく上で、この文化財コミュニティは重要な位置を占める。本書を通してみてきたように、文化財の防災は二つの意義をもっている。第一は、歴史的、文化的に価値の高い文化財をまもり伝えるということである。第二は、地域の暮らしをつないでいくということである。前者だけであれば、それは、文化財防災は文化財に直接関わる人たちが関わればよいということになる。しかし、後者の面を考えたとき、文化財コミュニティが大きな役割を果たすことになる。

　ここで求められているのは、文化財が地域社会に在るということが共有されているということである。そして、意識的に文化財は地域の復興に役に立つという観点で災害から文化財をまもり、被災時には救出しなくてはならない、ということが共有されているということである。日頃から文化財に関わっている人たちにとっては、これは当然の考えになるだろうが、関わり方の薄い人たちには必ずしも共有されない。文化財コミュニティは、明示的に作られているものではないため、こうした温度差は当然である。文化財防災、特に平時の取り組みとしては、文化財が被害に遭わないようにするための減災・防災活動となるが、この活動を進めていく上で、文化財コミュニティという人びとのつながりを明らかにすることが大切となる。そして、文化財コミュニティ内でのコミュニケーションを通した、文化財のリスクの共有がおこなわれていくことで、文化財の防

災力の向上が期待できる。そして、仮に被災した時も、コミュニティのネットワークを通して、速やかな対応が可能となるのである。

　文化財コミュニティに関わる人は、地域の住民や文化財担当職員、研究者、愛好家まで多様である。そして、文化庁が近年目指す地域総がかりの文化財保護を実現していくため、そしてそのまま文化財防災の強化につなげていくために、多様な人たちとのつながり、それは作り上げるものではなく、文化財が結びつけてくれるつながりをたどっていくことが必要である。

註

(1) https://www.bunka.go.jp/seisaku/bunkazai/pdf/r1402097_01.pdf（2022年11月7日閲覧）

(2) https://www.bunka.go.jp/seisaku/bunkashingikai/sokai/pdf/r1391804_01.pdf（2022年11月7日閲覧）

(3) 上総掘り技術伝承研究会ホームページ〔会の概要〕 https://kazusabori.jimdofree.com/%E4%BC%9A%E3%81%AE%E6%A6%82%E8%A6%81/（2023年1月12日閲覧）

参考文献

飯田　卓 2017「人類的課題としての文化遺産—二つの文化が出会う現場」飯田卓編『文明史のなかの文化遺産』臨川書店　12-35頁

大島暁雄 2007『無形民俗文化財の保護—無形文化遺産保護条約にむけて』岩田書院

奈良文化財研究所 2022『未来につなぐ平城宮跡』奈良文化財研究所

コラム7　博物館における災害への備え
――火災と地震から文化財をまもる――

　博物館を取り巻く災害リスクは地震や風水害などの自然災害のほか、

ヒューマンエラーによる火災や破壊、盗難被害といった人為災害も含めると決して少なくはない。博物館が被害を受けた事例としては、2019年10月に発生した令和元年東日本台風によって地下収蔵庫が浸水した川崎市市民ミュージアムにおける被害が記憶に新しい。『大災害時代』と呼ばれる今日、博物館においても災害への備えをより強化していくことが求められる。ここでは、「火災」と「地震」という二つの災害対策について述べていきたい。

火災に備える

文化財において火災は、最も身近で危険な災害のひとつである。2018年9月にブラジル・リオデジャネイロの国立博物館で発生した火災では、博物館の敷地約 13,000 m² を焼き尽くし、収蔵品の約9割がこの火災によって焼失したと報告されている。文化財は紙や木材等を原材料とするものが多く、非常に燃えやすい。そのため、一度の火災が甚大な被害をもたらす可能性が高いことから、博物館における火災への備えは万全を期す必要がある。

京都国立博物館では、有人エリア（展示ロビー・事務室など）と文化財エリア（収蔵庫・調査室など）を線引きし、消火設備を使い分けている。出火場所となる可能性が高い有人エリアでは、初動対応に適した消火器や消火栓、スプリンクラーを設置している（図1）。それに対して、水損による文化財の二次被害が発

図1 展示ロビーに設置された消火栓と消火器

図2 収蔵庫のガス消火設備

生する恐れがある文化財エリアでは、ガス系消火設備を設置している
（図 2）。

　博物館において一般的に用いられる防火対策である消火設備は、おお
きく水系とガス系に分類される。設備ごとに異なった特徴をもつことか
ら、状況に応じて適切に使い分ける必要がある。水系消火設備は主に水
を利用した消火方法のため、人体への安全性を考えても扱いやすく、木
材や紙といった文化財に多く用いられている材質の消火に適しているこ
とから、博物館の消火活動においても有効である。一方、博物館におけ
る消火活動では、文化財が水や消火剤による汚損被害を受ける可能性が
あるため、二酸化炭素や窒素、ハロゲン化物などを利用して消火するガ
ス系消火設備も選ばれる。ただし、ガス系消火設備は、人体や環境への
影響を考慮する必要があること、木や紙など有機物の消火には本来向い
ていないことなどを念頭に入れた上で取り扱う必要がある。

　防火設備の設置義務については、消防法令で厳密に規定されているが、
たとえ防火設備が法令の基準を満たしていたとしても、それぞれの博物
館の現状に即した適切な運用方法の検討が必要となる。日頃から火災の
タネを摘んでおくことはもちろんであるが、万が一火災が起きた時、防
火設備を活用して文化財への被害を最小限にとどめることができる体制
づくりが博物館における防火対策には求められる。

地震に備える

　国連開発計画（UNDP）が発表した「世界報告書“災害リスクの軽減
に向けて”─開発に課せられた課題─」によると、1980 年から 2000 年
までの間で「マグニチュード 5.5 以上の地震が発生する年平均」ランキ
ングにおいて日本の順位は中国、インドネシア、イランに次ぐ第 4 位で
あり、世界的に見ても地震の多い国であることがわかる。1995 年 1 月 17
日に発生した兵庫県南部地震では、博物館の収蔵棚や展示ケースが移動、
転倒し、多くの文化財に被害が出たと報告されており、博物館において
も地震に対する備えは重要である。

　国立民族学博物館（以下、みんぱく）の日髙真吾によると、2018 年 6
月 18 日に発生した大阪府北部地震では、みんぱくにおいても展示室の資
料が転倒する被害があったが、特に大きな被害が出たのが収蔵庫の資料
だったということである。ガラス扉のついた収蔵棚に収蔵していた民俗

資料の人形が、地震の振動でガラス扉と棚の間に落下し破損してしまったのである。ガラスケース内にあるという安心感から、資料が十分に固定されず、ばらばらに保管されていたことが原因であった。そこで、資料を専用の保存箱に整理して収納したところ、資料の安全性が改善されただけでなく、棚の空きスペース確保にもつながったということである（日髙 2020）。

　博物館における地震対策は、耐震補強や基礎免震といった建物自体への対策、収蔵棚や展示ケースの固定といった館内設備への対策なども重要であるが、展示資料や収蔵庫内の資料への落下・転倒対策をおこなうことが一般的である。展示資料の地震対策としては、落下・転倒によって破損リスクの高い土器や陶磁器などの立体資料の場合、テグスや支持具などを用いて固定する方法やケース内の展示台に免震装置を設置する方法などが用いられる。また、作品自体の落下・転倒だけでなく、照明など展示器具の落下による破損リスクを減らすため器具の固定に緩みがないか定期点検をおこなうことや、展示ケース内で隣り合う資料同士の接触による破損を防ぐため展示品の距離を保つなどさまざまな対策が必要である。収蔵庫内の資料については、ほとんどが収納棚に保管されており、収蔵棚から資料が落下する危険性があるため、扉の設置や落下防止ネット・ベルトによる対策が取られる（図3）。また、落下の衝撃を緩和する効果が期待できることから、資料を保存箱（中性紙箱や桐箱などが一般的）に収納して保管することでより破損のリスクを減らすことが

可能である。収蔵棚に収まらない屏風や襖絵などの資料は、専用の収納ラックや壁に立て掛けて固定することで転倒を防止することが多く、大型の仏像などは落下の危険性がない床置きがもっとも安全で、破損しやすい突起部分などは個別に梱包するなどの対策が取られる。

図3　収蔵庫棚に設置された落下防止ネット

　ここで挙げた対策はごく一例であり、資料の特徴や展示状況、収蔵庫の環境などによって効果的な地震対策は異なる。現状の展示、収蔵方法が資料にとって安全な状態であるか、資料の特徴に適した地震対策であるか確認することで、博物館における地震対策効果の向上を目指すことが重要である。

参考文献

黄川田　翔 2021「国内外の博物館・美術館における災害対策の現状と比較」『文化財の虫菌害』81 号

国連開発計画（UNDP）編 2004『世界報告書 "災害リスクの軽減に向けて"―開発に課せられた課題―』

日髙真吾 2020「国立民族学博物館における展示手法と大阪北部地震での対応」『令和 2 年度文化財防災センター事業シンポジウム　文化財の防災・減災―火災・地震に対する取り組み―報告書』国立文化財機構文化財防災センター

文化財保存修復学会編 1999『文化財は守れるのか？―阪神・淡路大震災の検証』クバプロ

三浦定俊・佐野千絵・木川りか 2016『文化財保存環境学　第 2 版』朝倉書店

三菱総合研究所編 2008『博物館における施設管理・リスクマネージメントガイドブック　基礎編』

終章　大災害時代の文化財防災

1.　災害は忘れる前にやってくる

　「災害は忘れた頃にやってくる[(1)]」とは、物理学者・寺田寅彦によるとされる金言である。寺田の記述にこれと同種の主張は複数存在するものの、完全に一致する記述は実はないらしい。寺田の死去後に、寺田の高弟であった中谷宇吉郎が朝日新聞に「天災」と題する一文を寄せ（中谷 1938）、この中で「天災は忘れた頃に来る。之は寺田寅彦先生が、防災科学を説く時にいつも使われた言葉である。そして之は名言である。」と記され世間に広がった、というのが真相のようだ（中谷 1966）。

　科学史の初山高仁は、寺田の金言の価値を重々に認めつつ、寺田が関東大震災から 10 年以上を経てもこれを忘れることなく災害・防災を論じ続けたことや、自然現象と社会現象を区別して、災害が社会現象であるという視点からその対応の難しさを強調し[(2)]、そのうえで災害・防災に関する科学的研究の必要性や教育の重要性を論じ、実践し続けたことこそが、上記の金言にも増して重要な寺田の業績であるという（初山 2017）。まったく同感である。

　災害の記憶が薄れるのは、なにも時間の経過によってだけではない。災害への備えをすることで、必要以上に安心してしまい、結果として「忘れてしまう」ことは往々にしてある。災害への備えには、堤防の設置や免震化工事の実施等のハード的なものと、法等の制度をはじめとする社会的な仕組みや、専門家・専門機関あるいは

それらのネットワークの構築等のソフト的なものがある。必要以上の安心から「忘れてしまう」ことで、そしてまたこれらが複合することで想定外の悪い結果につながることは、歴史をさかのぼれば珍しいことではない。「堤防を造ったから、もう大丈夫」「専門機関ができたから、もう大丈夫」とついつい考えてしまう人間の性（さが）が、多くの大災害を招いてきた。本書序章の「文化財防災スパイラル」の考えは、単なる経験の循環ではなく、自身のあるいは他者の被災経験に基づく PDCA サイクル[3]としてスパイラルアップされるものであり、それこそがこの概念の本意である。

そしていまや「災害は忘れる前にやってくる」時代となった。日本における東日本大震災（2011 年 3 月）以降に起きた大規模災害のうち、文化財被害が顕著であった自然災害[4]の代表的事例をあげる。

- 平成 23 年台風 12 号（紀伊半島大水害）　2011 年 9 月
- 平成 26 年 8 月豪雨（広島土砂災害）　2014 年 8 月
- 平成 27 年 9 月関東・東北豪雨（常総水害）　2015 年 9 月
- 熊本地震　2016 年 4 月
- 平成 29 年 7 月九州北部豪雨　2017 年 7 月
- 平成 30 年 7 月豪雨（西日本豪雨）　2018 年 6 月〜7 月
- 平成 30 年北海道胆振東部地震　2018 年 9 月
- 令和元年 8 月の前線に伴う大雨（九州北部豪雨）　2019 年 8 月
- 令和元年台風 19 号（東日本台風）　2019 年 10 月
- 令和 2 年 7 月豪雨（熊本豪雨）　2020 年 7 月
- 福島県沖地震（2021 年）　2021 年 2 月
- 熱海市伊豆山土石流災害　2021 年 7 月
- 令和 3 年 8 月の大雨　2021 年 8 月
- 福島県沖地震（2022 年）　2022 年 3 月

上記の自然災害のうち水害に関するものには、いわゆる気候変動に起因するものが多いことが各分野の専門家から指摘されている

（例えば、社会資本整備審議会 2020）。ここでいう気候変動とは、化石燃料の大量消費による二酸化炭素濃度の増加に起因する温暖化を主要因とするものである。これへの対処、改善については、国連気候変動枠組条約締約国会議（COP）の活動をはじめ、現代社会の最重要課題として内外で多くの取り組みがなされてはいるものの、解決には多くの困難が伴い、課題が山積していることも社会的に共有されている。少なくとも当分の間、気候変動に起因する災害発生のリスクがなくなる、あるいは激減することは想定できず、防災という観点では、それを前提とした取り組みが必須となる。これは文化財防災においても然り、である。

　災害は忘れる前にやってくる。それを前提に充分な備えをし、しかし必要以上に安心しすぎず忘れないことが肝要である。口で言うのは簡単だが、実践することは意外に難しい。なんらかの工夫が必要であり、おそらくそれを考えること自体が、重要な研究・実践のテーマともなるだろう。

2.　社会インフラとしての文化財

　本書の各所で述べてきた通り、文化財は社会インフラの一つである。これを前提とすることで、文化財防災の研究、実践は、格段に進めやすくなると考える。もちろん「文化財は社会インフラの一つである」ということは、なにも防災に限らず、文化財の保存と活用のあらゆる場面の前提とするべき基本的な考えである。しかし、こと防災に関してはその考えを研ぎ澄ますことが一層重要となる。

　公共政策学のスターとルーレダーによれば（Star and Ruhleder 1996）、インフラの特徴とは、[5]

　①　埋め込まれていること

　②　透明性

③　複数の実践への広がり

④　メンバーシップの一部としての学習

⑤　実践の慣行との関連

⑥　標準の体現

⑦　既存の土台の上への構築

⑧　破綻による可視化

とされる。これらはいずれも文化財が有する諸特徴とよく調和す
[6]
る。

　2019年の文化財保護法と地方教育行政の組織及び運営に関する法律の改正は、過疎化・少子高齢化等を背景に、文化財の滅失や散逸等の防止が緊急の課題であり、未指定を含めた文化財をまちづくりに活かしつつ、地域社会総がかりで、その継承に取り組んでいくことが必要との趣旨により、地域における文化財の計画的な保存・活用の促進や、地方文化財保護行政の推進力の強化をはかるものであった。文化財保護法第3条は、文化財が社会インフラの一つであることを法的に位置づけたものと私たちが考える根拠ともなっている条文であるが、このたびの改正は「わが国の歴史、文化等の正しい理解のため欠くことができないものであり、かつ、将来の文化の向上発展の基礎をなすもの」（文化財保護法　第3条より抜粋）である文化財が、滅失や散逸等の危機にあることへの対処として実施されたと整理できる。先の社会インフラの八つの特徴に即して考えれば、「⑧破綻による可視化」により明らかになった課題を解決する策であったといえるのである。

　2015年の国連総会において、持続可能な開発のための17の目標（169の達成基準と232の指標、SDGs）が採択された。文化財に関しては特に「目標11　都市や人間の居住地をだれも排除せず安全かつレジリエントで持続可能にする」に資する活動のうち「11-4.世界の文化遺産及び自然遺産の保護・保全の努力を強化する」に直

接的な記載があり、これが重要なのはもちろんであるが、文化の多様性の尊重という SDGs の前提に鑑みれば、文化財の保護は 17 の目標の全ての実現に必要なものと理解することができる。京都国立博物館は、館の活動・機能が SDGs の 17 の目標全てに関与するとの姿勢を示しており、大いに共感する次第である（京都国立博物館編／京都市環境保全活動推進協会監修 2022）。

　同じ 2015 年に仙台市で開催された第 3 回国連防災世界会議で採択された「仙台防災枠組」（2015 – 2030）は、2015 年からの 15 年間で達成すべき国際的な防災指針である。この中では、「人命・暮らし・健康と、個人・企業・コミュニティ・国の経済的・物理的・社会的・文化的・環境的資産に対する災害リスク及び損失を大幅に軽減する」ことがうたわれた（下線は筆者による、以下同様）。これは「仙台防災枠組」の前の指針として 2005 年に採択された「兵庫行動枠組」（2005 – 2015）の「災害に強い国・コミュニティを構築する」「災害による人的被害、社会・経済・環境資源の損失が実質的に削減されること」と比べると、明らかに文化財をはじめとする文化的資産にかかる項目が強調されたものといえる。

　各地方公共団体が定める地域防災計画において、文化財防災にかかる内容の記載の有無や、記載があった際の内容ついては、文化財が当該地方公共団体の社会インフラとしてどのくらい認識されているかを考える際の一つの指標といえる。2018 年段階の調査によれば、47 都道府県全てにおいて地域防災計画の中に文化財に関する何らかの記載があることが確認されたが、その内容や濃淡等は千差万別であること等が指摘された（中島・浜田・髙妻 2019）。喫緊の課題として、各計画が平時および発災時等の文化財保護活動の指針として実効性を伴う内容となるよう一層改善されること等に期待が寄せられた。

3. 大災害時代の文化財防災を考える

　大災害時代の文化財防災を少しでもよい形で実現するためには、近年注目され重視される「災害文化」という考え方を重々に理解することが肝要である。災害文化とは、「災害常襲地域において、社会・経済システムに組み込まれた教訓、伝承、信仰をも含めた、災害を軽減するための地域住民の認識と行動が反映した知恵」（長尾2004）の総体を指す。

　常襲する災害の類型やそれへの対応は、地域やコミュニティにより異なるし、同じ災害であっても地域やコミュニティが異なれば対応が変わることも珍しくなく、したがって災害文化は地域やコミュニティによる文化の一翼を担っている場合が多い。そしてもちろん、災害文化はそれだけで孤立した存在では決してなく、災害の発生にかかわらずその地域やコミュニティに伝わる知恵である「在来知」等と深く関わり、また相互に影響を与え、時に融合しながら構築される。防災科学の河田惠昭は、「災害文化が国連の持続可能な開発目標（SDGs）をリードしてきた。」と指摘する（河田 2019）。卓見であろう。

　「災害文化」という文脈とはやや離れた印象があるかもしれないが、日本の文化財保護制度には、天然記念物という類型が存在し、災害痕跡はこの枠の中等で文化財として保護されてきた。1919年に史蹟名勝天然紀念物保存法が制定・施行されると、さっそく明治期最大の地震災害であった 1891 年の濃尾地震による断層「根尾谷断層」は天然紀念物に指定された。またこの法が施行されて間もない 1923 年に発災した関東大震災による液状化現象の痕跡として水田に橋杭が出現した「旧相模川橋脚」は史蹟として指定された。文化財保護法の下では、阪神・淡路大震災（兵庫県南部地震）の震源

であった六甲・淡路島断層帯の一部である「野島断層」や、熊本地震の震源であった「布田川断層帯」の一部が天然記念物に指定された。これらはいずれも単に自然現象を顕彰し保護するものではなく、防災への教訓等を多分に含んだがゆえの文化財指定であり、災害を文化（文化財）の枠でとらえる国際的にも大変ユニークな視点は、日本特有の災害文化の一端といえよう。

　史蹟名勝天然紀念物保存法の制定・施行から百余年。さらにさかのぼれば、日本で初めての文化財保護制度であった 1921 年の太政官布告「古器旧物保存方」は、政府の動きを契機とした文化財テロ[10]ともいえる廃仏毀釈の反省に立つものであった。ここから数えれば、すでに百五十余年。これらの法等の整備により日本の文化財防災が往時の各地における災害文化の一部として寄与したことがなかったとはいわないが、しかし、日本の文化財防災が災害文化の一部として本格的に寄与し始めたのは、大規模かつ組織的な文化財レスキュー事業が初めて実施された阪神・淡路大震災以降のことであろう。この動向は、東日本大震災の際の各文化財類型への対応により、より広がり、また深まったといえる。東日本大震災では地震や津波の被害に加えて、大規模な原発事故という、二度と起こしてはならない災害を経験した。日本の文化財防災の特徴は、考えうるあらゆる文化財災害の類型に対して備え、被災後には必要な対応をすること、有形・無形を問わずあらゆる文化財の類型に対して備え、被災後には必要な対応をすること、と言いたいし、言えるようになるべきと強く認識する。

　災害は忘れる前にやってくる。そして文化財は社会インフラのひとつである。この二つが重なるところで、現在のそして将来の文化財防災は進められるべきと考える。本書を『大災害時代の文化財防災』と題した所以もここにある。

註

(1) 「災害」の箇所は「天災」と書かれることも多い。

(2) 寺田は「ここで一つ考えなければならないことで、しかもいつも忘れがちな重大な要項がある。それは文明が進めば進むほど天然の暴威による災害がその激烈の度を増すという事実である。」（寺田 1934）との視点で社会と防災を考えていた。

(3) 計画（Plan）、実行（Do）、評価（Check）、改善（Action）をスパイラル（らせん状）に回すことで好循環を生み出す改善法。1950年代に米国で提唱された。近年は、観察（Observe）、方向づけ（Orient）、意思決定（Decide）、行動（Act）をスパイラルに回す改善法である OODA サイクル等も提唱、実践されている。

(4) これらはいずれも自然災害に端を発する事例であるが、人為的側面により被害が拡大したと考えられるものも複数含まれている。

(5) インフラの八つの特徴は、木村周平の翻訳による（木村 2018）。

(6) たとえば無形民俗文化財のように「ハレの日」の要素を多分に持つ類型は、①や②のニュアンスが異なるであろうこと等は考慮すべきであろう。ただしこれは他の社会インフラにおいても同様のニュアンスを含む事例はありそうだ。

(7) 災害対策基本法に基づき、各地方公共団体（都道府県、市町村）の長が、それぞれの防災会議に諮り、防災のために処理する教務等を具体的に定めた計画。地方公共団体ごとに作られる。

(8) 地域やコミュニティの変容により、災害文化が現代社会において有効な知恵として機能するかどうかについては、別に議論を深めるべきと考える。

(9) 当該文化財は関東大震災の地震の状況を示す面を有することから、2013年に天然記念物としても指定された。すなわち現在は、史跡と天然記念物の二重の保護の枠がかけられている。

(10) 廃仏毀釈運動は、神道の国教化をはかるために出されたいわゆる神仏分離令に端を発するため、その引き金は政府によるものといえるが、政府がこの運動を主導したことはなかった。廃仏毀釈運動にかかる政府の当事者性や関与の程度については、現在も斯界の意見が分かれている。

参考文献

河田恵昭 2019「災害情報と災害文化」https：//www.soumu.go.jp/main_content/000603366.pdf（2022 年 8 月 31 日閲覧）

木村周平 2018「〈特集〉インフラを見る、インフラとして見る　序」『文化人類学』83-3　377-384 頁

京都国立博物館編／京都市環境保全活動推進協会監修 2022『トラりんと学ぶ SDGs と博物館』京都新聞出版センター

社会資本整備審議会 2020『気候変動を踏まえた水災害対策のあり方について―あらゆる関係者が流域全体で行う持続可能な「流域治水」への転換』社会資本整備審議会

寺田寅彦 1934「天災と国防」『経済往来』1939 年 11 月号　日本評論社

長尾朋子 2004「久慈川中流域における水害防備林の立地と機能」『地理学評論』77-4　183-194 頁

中島志保・浜田拓志・高妻洋成 2019「都道府県地域防災計画における文化財等の保全に関する記載の現状とこれから」『保存科学』58　149-168 頁

中谷宇吉郎 1938「天災」『朝日新聞』1938 年 7 月 9 日　朝日新聞社

中谷宇吉郎 1966「天災は忘れた頃来る」『西日本新聞』1955 年 9 月 11 日　西日本新聞社

初山高仁 2017「「天災は忘れた頃来る」のなりたち」『尚絅学院大学紀要』73　1-13 頁

Star, S.L. and Ruhleder, K. 1996 Steps Toward an Ecology of Infrastructure：Design and Access for Large Information Spaces, *Information Systems Research*, 7-1, pp.111-134.

資料編
文化財防災に関わる法律、規程、ガイドライン

(1) 法　律

- 法1　**文化財保護法**（抄録）

  文化財の保存と活用を定める文化財保護法のうち、文化財保護にかかる定義を記す第1章と、域内の文化財防災について計画策定が求められる、文化財保存活用大綱および文化財保存活用地域計画に関わる条文を掲載している。

- 法2　**災害対策基本法**（抄録）

  災害時の対応を定める災害対策基本法のうち、定義を定める第1章と、国および地方公共団体が定める防災計画に関わる第3章を中心に掲載している。

(2) 要　項

- 要項1　**文化遺産防災ネットワーク推進会議開催要項**

  災害発生時に文化財に関わる組織が協働するためのネットワークとして組織された、国立文化財機構文化財防災センターが事務局を務める文化遺産防災ネットワーク推進会議に関わる設置要項である。

(3) 文化財防災センターの定めるガイドライン等

- ガイドライン1　**文化遺産防災ネットワーク推進会議の災害時における活動ガイドライン**

  文化遺産防災ネットワーク推進会議の災害発生時における活動を定めたガイドラインである。

- ガイドライン2　**室内労働環境の浮遊カビの測定・評価と浮遊カビ等からの防護に関する管理基準（ガイドライン）**

  文化財の救援活動における安全対策を定めるガイドラインのうち、浮遊カビに対するガイドラインである。

- マニュアル1　**浮遊カビ等からの人体の防護に関するマニュアル**

  文化財の救援活動において、浮遊カビを防護するための装備に関するマニュアルである。

（1）法　律

法1

昭和二十五年法律第二百十四号

文化財保護法（抄）

第一章　総則

（この法律の目的）

第一条　この法律は、文化財を保存し、且つ、その活用を図り、もつて国民の文化的向上に資するとともに、世界文化の進歩に貢献することを目的とする。

（文化財の定義）

第二条　この法律で「文化財」とは、次に掲げるものをいう。

一　建造物、絵画、彫刻、工芸品、書跡、典籍、古文書その他の有形の文化的所産で我が国にとつて歴史上又は芸術上価値の高いもの（これらのものと一体をなしてその価値を形成している土地その他の物件を含む。）並びに考古資料及びその他の学術上価値の高い歴史資料（以下「有形文化財」という。）

二　演劇、音楽、工芸技術その他の無形の文化的所産で我が国にとつて歴史上又は芸術上価値の高いもの（以下「無形文化財」という。）

三　衣食住、生業、信仰、年中行事等に関する風俗慣習、民俗芸能、民俗技術及びこれらに用いられる衣服、器具、家屋その他の物件で我が国民の生活の推移の理解のため欠くことのできないもの（以下「民俗文化財」という。）

四　貝づか、古墳、都城跡、城跡、旧宅その他の遺跡で我が国にとつて歴史上又は学術上価値の高いもの、庭園、橋梁、峡谷、海浜、山岳その他の名勝地で我が国にとつて芸術上又は観賞上価値の高いもの並びに動物（生息地、繁殖地及び渡来地を含む。）、植物（自生地を含む。）及び地質鉱物（特異な自然の現象の生じている土地を含む。）で我が国にとつて学術上価値の高いもの（以下「記念物」という。）

五　地域における人々の生活又は生業及び当該地域の風土により形成された景観地で我が国民の生活又は生業の理解のため欠くことのできないもの（以下「文化的景観」という。）

六　周囲の環境と一体をなして歴史的風致を形成している伝統的な建造物

　群で価値の高いもの（以下「伝統的建造物群」という。）

2　この法律の規定（第二十七条から第二十九条まで、第三十七条、第五十
　五条第一項第四号、第百五十三条第一項第一号、第百六十五条、第百七十
　一条及び附則第三条の規定を除く。）中「重要文化財」には、国宝を含む
　ものとする。

3　この法律の規定（第百九条、第百十条、第百十二条、第百二十二条、第
　百三十一条第一項第四号、第百五十三条第一項第十号及び第十一号、第百
　六十五条並びに第百七十一条の規定を除く。）中「史跡名勝天然記念物」
　には、特別史跡名勝天然記念物を含むものとする。

（政府及び地方公共団体の任務）

第三条　政府及び地方公共団体は、文化財がわが国の歴史、文化等の正しい
　理解のため欠くことのできないものであり、且つ、将来の文化の向上発展
　の基礎をなすものであることを認識し、その保存が適切に行われるよう
　に、周到の注意をもつてこの法律の趣旨の徹底に努めなければならない。

（国民、所有者等の心構）

第四条　一般国民は、政府及び地方公共団体がこの法律の目的を達成するた
　めに行う措置に誠実に協力しなければならない。

2　文化財の所有者その他の関係者は、文化財が貴重な国民的財産であるこ
　とを自覚し、これを公共のために大切に保存するとともに、できるだけこ
　れを公開する等その文化的活用に努めなければならない。

3　政府及び地方公共団体は、この法律の執行に当つて関係者の所有権その
　他の財産権を尊重しなければならない。

第十二章　補則

第三節　地方公共団体及び教育委員会

（文化財保存活用大綱）

第百八十三条の二　都道府県の教育委員会は、当該都道府県の区域における
　文化財の保存及び活用に関する総合的な施策の大綱（次項及び次条におい
　て「文化財保存活用大綱」という。）を定めることができる。

2　都道府県の教育委員会は、文化財保存活用大綱を定め、又は変更したと
　きは、遅滞なく、これを公表するよう努めるとともに、文化庁長官及び関
　係市町村に送付しなければならない。

（文化財保存活用地域計画の認定）

第百八十三条の三　市町村の教育委員会（地方文化財保護審議会を置くもの

に限る。）は、文部科学省令で定めるところにより、単独で又は共同して、文化財保存活用大綱が定められているときは当該文化財保存活用大綱を勘案して、当該市町村の区域における文化財の保存及び活用に関する総合的な計画（以下この節及び第百九十二条の六第一項において「文化財保存活用地域計画」という。）を作成し、文化庁長官の認定を申請することができる。

2　文化財保存活用地域計画には、次に掲げる事項を記載するものとする。

一　当該市町村の区域における文化財の保存及び活用に関する基本的な方針

二　当該市町村の区域における文化財の保存及び活用を図るために当該市町村が講ずる措置の内容

三　当該市町村の区域における文化財を把握するための調査に関する事項

四　計画期間

五　その他文部科学省令で定める事項

3　市町村の教育委員会は、文化財保存活用地域計画を作成しようとするときは、あらかじめ、公聴会の開催その他の住民の意見を反映させるために必要な措置を講ずるよう努めるとともに、地方文化財保護審議会（第百八十三条の九第一項に規定する協議会が組織されている場合にあつては、地方文化財保護審議会及び当該協議会。第百八十三条の五第二項において同じ。）の意見を聴かなければならない。

4　文化財保存活用地域計画は、地域における歴史的風致の維持及び向上に関する法律（平成二十年法律第四十号）第五条第一項に規定する歴史的風致維持向上計画が定められているときは、当該歴史的風致維持向上計画との調和が保たれたものでなければならない。

5　文化庁長官は、第一項の規定による認定の申請があつた場合において、その文化財保存活用地域計画が次の各号のいずれにも適合するものであると認めるときは、その認定をするものとする。

一　当該文化財保存活用地域計画の実施が当該市町村の区域における文化財の保存及び活用に寄与するものであると認められること。

二　円滑かつ確実に実施されると見込まれるものであること。

三　文化財保存活用大綱が定められているときは、当該文化財保存活用大綱に照らし適切なものであること。

6　文化庁長官は、前項の認定をしようとするときは、あらかじめ、文部科

　学大臣を通じ関係行政機関の長に協議しなければならない。

7　文化庁長官は、第五項の認定をしたときは、遅滞なく、その旨を当該認定を申請した市町村の教育委員会に通知しなければならない。

8　市町村の教育委員会は、前項の通知を受けたときは、遅滞なく、当該通知に係る文化財保存活用地域計画を公表するよう努めなければならない。

（認定を受けた文化財保存活用地域計画の変更）

第百八十三条の四　前条第五項の認定を受けた市町村（以下この節及び第百九十二条の六第二項において「認定市町村」という。）の教育委員会は、当該認定を受けた文化財保存活用地域計画の変更（文部科学省令で定める軽微な変更を除く。）をしようとするときは、文化庁長官の認定を受けなければならない。

2　前条第三項から第八項までの規定は、前項の認定について準用する。

（認定市町村の教育委員会による文化財の登録の提案）

第百八十三条の五　認定市町村の教育委員会は、第百八十三条の三第五項の認定（前条第一項の変更の認定を含む。第百八十三条の七第一項及び第二項において同じ。）を受けた文化財保存活用地域計画（変更があつたときは、その変更後のもの。以下この節及び第百九十二条の六において「認定文化財保存活用地域計画」という。）の計画期間内に限り、当該認定市町村の区域内に存する文化財であつて第五十七条第一項、第七十六条の七第一項、第九十条第一項、第九十条の五第一項又は第百三十二条第一項の規定により登録されることが適当であると思料するものがあるときは、文部科学省令で定めるところにより、文部科学大臣に対し、当該文化財を文化財登録原簿に登録することを提案することができる。

2　認定市町村の教育委員会は、前項の規定による提案をしようとするときは、あらかじめ、地方文化財保護審議会の意見を聴かなければならない。

3　文部科学大臣は、第一項の規定による提案が行われた場合において、当該提案に係る文化財について第五十七条第一項、第七十六条の七第一項、第九十条第一項、第九十条の五第一項又は第百三十二条第一項の規定による登録をしないこととしたときは、遅滞なく、その旨及びその理由を当該提案をした認定市町村の教育委員会に通知しなければならない。

（認定文化財保存活用地域計画の実施状況に関する報告の徴収）

第百八十三条の六　文化庁長官は、認定市町村の教育委員会に対し、認定文化財保存活用地域計画の実施の状況について報告を求めることができる。

（認定の取消し）

第百八十三条の七　文化庁長官は、認定文化財保存活用地域計画が第百八十三条の三第五項各号のいずれかに適合しなくなつたと認めるときは、その認定を取り消すことができる。

2　文化庁長官は、前項の規定により認定を取り消したときは、遅滞なく、その旨を当該認定を受けていた市町村の教育委員会に通知しなければならない。

3　市町村の教育委員会は、前項の通知を受けたときは、遅滞なく、その旨を公表するよう努めなければならない。

（市町村への助言等）

第百八十三条の八　都道府県の教育委員会は、市町村に対し、文化財保存活用地域計画の作成及び認定文化財保存活用地域計画の円滑かつ確実な実施に関し必要な助言をすることができる。

2　国は、市町村に対し、文化財保存活用地域計画の作成及び認定文化財保存活用地域計画の円滑かつ確実な実施に関し必要な情報の提供又は指導若しくは助言をするように努めなければならない。

3　前二項に定めるもののほか、国、都道府県及び市町村は、文化財保存活用地域計画の作成及び認定文化財保存活用地域計画の円滑かつ確実な実施が促進されるよう、相互に連携を図りながら協力しなければならない。

4　市町村の長及び教育委員会は、文化財保存活用地域計画の作成及び認定文化財保存活用地域計画の円滑かつ確実な実施が促進されるよう、相互に緊密な連携を図りながら協力しなければならない。

（協議会）

第百八十三条の九　市町村の教育委員会は、単独で又は共同して、文化財保存活用地域計画の作成及び変更に関する協議並びに認定文化財保存活用地域計画の実施に係る連絡調整を行うための協議会（以下この条において「協議会」という。）を組織することができる。

2　協議会は、次に掲げる者をもつて構成する。

一　当該市町村

二　当該市町村の区域をその区域に含む都道府県

三　第百九十二条の二第一項の規定により当該市町村の教育委員会が指定した文化財保存活用支援団体

四　文化財の所有者、学識経験者、商工関係団体、観光関係団体その他の

市町村の教育委員会が必要と認める者

3　協議会は、必要があると認めるときは、関係行政機関に対して、資料の提供、意見の表明、説明その他必要な協力を求めることができる。

4　協議会において協議が調つた事項については、協議会の構成員は、その協議の結果を尊重しなければならない。

5　前各項に定めるもののほか、協議会の運営に関し必要な事項は、協議会が定める。

第四節　文化財保存活用支援団体

（文化財保存活用支援団体の指定）

第百九十二条の二　市町村の教育委員会は、法人その他これに準ずるものとして文部科学省令で定める団体であつて、次条に規定する業務を適正かつ確実に行うことができると認められるものを、その申請により、文化財保存活用支援団体（以下この節において「支援団体」という。）として指定することができる。

2　市町村の教育委員会は、前項の規定による指定をしたときは、当該支援団体の名称、住所及び事務所の所在地を公示しなければならない。

3　支援団体は、その名称、住所又は事務所の所在地を変更しようとするときは、あらかじめ、その旨を市町村の教育委員会に届け出なければならない。

4　市町村の教育委員会は、前項の規定による届出があつたときは、当該届出に係る事項を公示しなければならない。

（支援団体の業務）

第百九十二条の三　支援団体は、次に掲げる業務を行うものとする。

一　当該市町村の区域内に存する文化財の保存及び活用を行うこと。

二　当該市町村の区域内に存する文化財の保存及び活用を図るための事業を行う者に対し、情報の提供、相談その他の援助を行うこと。

三　文化財の所有者の求めに応じ、当該文化財の管理、修理又は復旧その他その保存及び活用のため必要な措置につき委託を受けること。

四　文化財の保存及び活用に関する調査研究を行うこと。

五　前各号に掲げるもののほか、当該市町村の区域における文化財の保存及び活用を図るために必要な業務を行うこと。

（監督等）

第百九十二条の四　市町村の教育委員会は、前条各号に掲げる業務の適正かつ確実な実施を確保するため必要があると認めるときは、支援団体に対し、その業務に関し報告をさせることができる。

2　市町村の教育委員会は、支援団体が前条各号に掲げる業務を適正かつ確実に実施していないと認めるときは、支援団体に対し、その業務の運営の改善に関し必要な措置を講ずべきことを命ずることができる。

3　市町村の教育委員会は、支援団体が前項の規定による命令に違反したときは、第百九十二条の二第一項の規定による指定を取り消すことができる。

4　市町村の教育委員会は、前項の規定により指定を取り消したときは、その旨を公示しなければならない。

（情報の提供等）

第百九十二条の五　国及び関係地方公共団体は、支援団体に対し、その業務の実施に関し必要な情報の提供又は指導若しくは助言をするものとする。

（文化財保存活用地域計画の作成の提案等）

第百九十二条の六　支援団体は、市町村の教育委員会に対し、文化財保存活用地域計画の作成又は認定文化財保存活用地域計画の変更をすることを提案することができる。

2　支援団体は、認定市町村の教育委員会に対し、認定文化財保存活用地域計画の計画期間内に限り、当該認定市町村の区域内に存する文化財であつて第五十七条第一項、第七十六条の七第一項、第九十条第一項、第九十条の五第一項又は第百三十二条第一項の規定により登録されることが適当であると思料するものがあるときは、文部科学省令で定めるところにより、当該文化財について第百八十三条の五第一項の規定による提案をするよう要請することができる。

法2

昭和三十六年法律第二百二十三号

災害対策基本法（抄）

第一章　総則

（目的）

第一条　この法律は、国土並びに国民の生命、身体及び財産を災害から保護するため、防災に関し、基本理念を定め、国、地方公共団体及びその他の公共機関を通じて必要な体制を確立し、責任の所在を明確にするとともに、防災計画の作成、災害予防、災害応急対策、災害復旧及び防災に関する財政金融措置その他必要な災害対策の基本を定めることにより、総合的かつ計画的な防災行政の整備及び推進を図り、もつて社会の秩序の維持と公共の福祉の確保に資することを目的とする。

（定義）

第二条　この法律において、次の各号に掲げる用語の意義は、それぞれ当該各号に定めるところによる。

　一　災害　暴風、竜巻、豪雨、豪雪、洪水、崖崩れ、土石流、高潮、地震、津波、噴火、地滑りその他の異常な自然現象又は大規模な火事若しくは爆発その他その及ぼす被害の程度においてこれらに類する政令で定める原因により生ずる被害をいう。

　二　防災　災害を未然に防止し、災害が発生した場合における被害の拡大を防ぎ、及び災害の復旧を図ることをいう。

　三　指定行政機関　次に掲げる機関で内閣総理大臣が指定するものをいう。

　　イ　内閣府、宮内庁並びに内閣府設置法（平成十一年法律第八十九号）第四十九条第一項及び第二項に規定する機関、デジタル庁並びに国家行政組織法（昭和二十三年法律第百二十号）第三条第二項に規定する機関

　　ロ　内閣府設置法第三十七条及び第五十四条並びに宮内庁法（昭和二十二年法律第七十号）第十六条第一項並びに国家行政組織法第八条に規定する機関

　　ハ　内閣府設置法第三十九条及び第五十五条並びに宮内庁法第十六条第二項並びに国家行政組織法第八条の二に規定する機関

　　ニ　内閣府設置法第四十条及び第五十六条並びに国家行政組織法第八条の三に規定する機関

　四　指定地方行政機関　指定行政機関の地方支分部局（内閣府設置法第四十三条及び第五十七条（宮内庁法第十八条第一項において準用する場合を含む。）並びに宮内庁法第十七条第一項並びに国家行政組織法第九条の地方支分部局をいう。）その他の国の地方行政機関で、内閣総理大臣

が指定するものをいう。

五　指定公共機関　独立行政法人（独立行政法人通則法（平成十一年法律第百三号）第二条第一項に規定する独立行政法人をいう。）、日本銀行、日本赤十字社、日本放送協会その他の公共的機関及び電気、ガス、輸送、通信その他の公益的事業を営む法人で、内閣総理大臣が指定するものをいう。

六　指定地方公共機関　地方独立行政法人（地方独立行政法人法（平成十五年法律第百十八号）第二条第一項に規定する地方独立行政法人をいう。）及び港湾法（昭和二十五年法律第二百十八号）第四条第一項の港務局（第八十二条第一項において「港務局」という。）、土地改良法（昭和二十四年法律第百九十五号）第五条第一項の土地改良区その他の公共的施設の管理者並びに都道府県の地域において電気、ガス、輸送、通信その他の公益的事業を営む法人で、当該都道府県の知事が指定するものをいう。

七　防災計画　防災基本計画及び防災業務計画並びに地域防災計画をいう。

八　防災基本計画　中央防災会議が作成する防災に関する基本的な計画をいう。

九　防災業務計画　指定行政機関の長（当該指定行政機関が内閣府設置法第四十九条第一項若しくは第二項若しくは国家行政組織法第三条第二項の委員会若しくは第三号ロに掲げる機関又は同号ニに掲げる機関のうち合議制のものである場合にあつては、当該指定行政機関。第十二条第八項、第二十五条第六項第二号、第二十八条第二項、第二十八条の三第六項第三号及び第二十八条の六第二項を除き、以下同じ。）又は指定公共機関（指定行政機関の長又は指定公共機関から委任された事務又は業務については、当該委任を受けた指定地方行政機関の長又は指定地方公共機関）が防災基本計画に基づきその所掌事務又は業務について作成する防災に関する計画をいう。

十　地域防災計画　一定地域に係る防災に関する計画で、次に掲げるものをいう。

　　イ　都道府県地域防災計画　都道府県の地域につき、当該都道府県の都道府県防災会議が作成するもの

　　ロ　市町村地域防災計画　市町村の地域につき、当該市町村の市町村防

　　　災会議又は市町村長が作成するもの

　ハ　都道府県相互間地域防災計画　二以上の都道府県の区域の全部又は
　　一部にわたる地域につき、都道府県防災会議の協議会が作成するもの

　ニ　市町村相互間地域防災計画　二以上の市町村の区域の全部又は一部
　　にわたる地域につき、市町村防災会議の協議会が作成するもの

（基本理念）

第二条の二　災害対策は、次に掲げる事項を基本理念として行われるものと
する。

　一　我が国の自然的特性に鑑み、人口、産業その他の社会経済情勢の変化
　　を踏まえ、災害の発生を常に想定するとともに、災害が発生した場合に
　　おける被害の最小化及びその迅速な回復を図ること。

　二　国、地方公共団体及びその他の公共機関の適切な役割分担及び相互の
　　連携協力を確保するとともに、これと併せて、住民一人一人が自ら行う
　　防災活動及び自主防災組織（住民の隣保協同の精神に基づく自発的な防
　　災組織をいう。以下同じ。）その他の地域における多様な主体が自発的
　　に行う防災活動を促進すること。

　三　災害に備えるための措置を適切に組み合わせて一体的に講ずること並
　　びに科学的知見及び過去の災害から得られた教訓を踏まえて絶えず改善
　　を図ること。

　四　災害の発生直後その他必要な情報を収集することが困難なときであつ
　　ても、できる限り的確に災害の状況を把握し、これに基づき人材、物資
　　その他の必要な資源を適切に配分することにより、人の生命及び身体を
　　最も優先して保護すること。

　五　被災者による主体的な取組を阻害することのないよう配慮しつつ、被
　　災者の年齢、性別、障害の有無その他の被災者の事情を踏まえ、その時
　　期に応じて適切に被災者を援護すること。

　六　災害が発生したときは、速やかに、施設の復旧及び被災者の援護を図
　　り、災害からの復興を図ること。

（国の責務）

第三条　国は、前条の基本理念（以下「基本理念」という。）にのつとり、
　国土並びに国民の生命、身体及び財産を災害から保護する使命を有するこ
　とに鑑み、組織及び機能の全てを挙げて防災に関し万全の措置を講ずる責
　務を有する。

2　国は、前項の責務を遂行するため、災害予防、災害応急対策及び災害復旧の基本となるべき計画を作成し、及び法令に基づきこれを実施するとともに、地方公共団体、指定公共機関、指定地方公共機関等が処理する防災に関する事務又は業務の実施の推進とその総合調整を行ない、及び災害に係る経費負担の適正化を図らなければならない。

3　指定行政機関及び指定地方行政機関は、その所掌事務を遂行するにあたつては、第一項に規定する国の責務が十分に果たされることとなるように、相互に協力しなければならない。

4　指定行政機関の長及び指定地方行政機関の長は、この法律の規定による都道府県及び市町村の地域防災計画の作成及び実施が円滑に行なわれるように、その所掌事務について、当該都道府県又は市町村に対し、勧告し、指導し、助言し、その他適切な措置をとらなければならない。

（都道府県の責務）

第四条　都道府県は、基本理念にのつとり、当該都道府県の地域並びに当該都道府県の住民の生命、身体及び財産を災害から保護するため、関係機関及び他の地方公共団体の協力を得て、当該都道府県の地域に係る防災に関する計画を作成し、及び法令に基づきこれを実施するとともに、その区域内の市町村及び指定地方公共機関が処理する防災に関する事務又は業務の実施を助け、かつ、その総合調整を行う責務を有する。

2　都道府県の機関は、その所掌事務を遂行するにあたつては、前項に規定する都道府県の責務が十分に果たされることとなるように、相互に協力しなければならない。

（市町村の責務）

第五条　市町村は、基本理念にのつとり、基礎的な地方公共団体として、当該市町村の地域並びに当該市町村の住民の生命、身体及び財産を災害から保護するため、関係機関及び他の地方公共団体の協力を得て、当該市町村の地域に係る防災に関する計画を作成し、及び法令に基づきこれを実施する責務を有する。

2　市町村長は、前項の責務を遂行するため、消防機関、水防団その他の組織の整備並びに当該市町村の区域内の公共的団体その他の防災に関する組織及び自主防災組織の充実を図るほか、住民の自発的な防災活動の促進を図り、市町村の有する全ての機能を十分に発揮するように努めなければならない。

3　消防機関、水防団その他市町村の機関は、その所掌事務を遂行するにあたつては、第一項に規定する市町村の責務が十分に果たされることとなるように、相互に協力しなければならない。

（地方公共団体相互の協力）

第五条の二　地方公共団体は、第四条第一項及び前条第一項に規定する責務を十分に果たすため必要があるときは、相互に協力するように努めなければならない。

（国及び地方公共団体とボランティアとの連携）

第五条の三　国及び地方公共団体は、ボランティアによる防災活動が災害時において果たす役割の重要性に鑑み、その自主性を尊重しつつ、ボランティアとの連携に努めなければならない。

（指定公共機関及び指定地方公共機関の責務）

第六条　指定公共機関及び指定地方公共機関は、基本理念にのつとり、その業務に係る防災に関する計画を作成し、及び法令に基づきこれを実施するとともに、この法律の規定による国、都道府県及び市町村の防災計画の作成及び実施が円滑に行われるように、その業務について、当該都道府県又は市町村に対し、協力する責務を有する。

2　指定公共機関及び指定地方公共機関は、その業務の公共性又は公益性にかんがみ、それぞれその業務を通じて防災に寄与しなければならない。

（住民等の責務）

第七条　地方公共団体の区域内の公共的団体、防災上重要な施設の管理者その他法令の規定による防災に関する責務を有する者は、基本理念にのつとり、法令又は地域防災計画の定めるところにより、誠実にその責務を果たさなければならない。

2　災害応急対策又は災害復旧に必要な物資若しくは資材又は役務の供給又は提供を業とする者は、基本理念にのつとり、災害時においてもこれらの事業活動を継続的に実施するとともに、当該事業活動に関し、国又は地方公共団体が実施する防災に関する施策に協力するように努めなければならない。

3　前二項に規定するもののほか、地方公共団体の住民は、基本理念にのつとり、食品、飲料水その他の生活必需物資の備蓄その他の自ら災害に備えるための手段を講ずるとともに、防災訓練その他の自発的な防災活動への参加、過去の災害から得られた教訓の伝承その他の取組により防災に寄与

するように努めなければならない。

（施策における防災上の配慮等）

第八条　国及び地方公共団体は、その施策が、直接的なものであると間接的
　　なものであるとを問わず、一体として国土並びに国民の生命、身体及び財
　　産の災害をなくすることに寄与することとなるように意を用いなければな
　　らない。

2　国及び地方公共団体は、災害の発生を予防し、又は災害の拡大を防止す
　　るため、特に次に掲げる事項の実施に努めなければならない。

　一　災害及び災害の防止に関する科学的研究とその成果の実現に関する事
　　　項

　二　治山、治水その他の国土の保全に関する事項

　三　建物の不燃堅牢（ろう）化その他都市の防災構造の改善に関する事項

　四　交通、情報通信等の都市機能の集積に対応する防災対策に関する事項

　五　防災上必要な気象、地象及び水象の観測、予報、情報その他の業務に
　　　関する施設及び組織並びに防災上必要な通信に関する施設及び組織の整
　　　備に関する事項

　六　災害の予報及び警報の改善に関する事項

　七　地震予知情報（大規模地震対策特別措置法（昭和五十三年法律第七十
　　　三号）第二条第三号の地震予知情報をいう。）を周知させるための方法
　　　の改善に関する事項

　八　気象観測網の充実についての国際的協力に関する事項

　九　台風に対する人為的調節その他防災上必要な研究、観測及び情報交換
　　　についての国際的協力に関する事項

　十　火山現象等による長期的災害に対する対策に関する事項

　十一　水防、消防、救助その他災害応急措置に関する施設及び組織の整備
　　　に関する事項

　十二　地方公共団体の相互応援、第六十一条の四第三項に規定する広域避
　　　難及び第八十六条の八第一項に規定する広域一時滞在に関する協定並び
　　　に民間の団体の協力の確保に関する協定の締結に関する事項

　十三　自主防災組織の育成、ボランティアによる防災活動の環境の整備、
　　　過去の災害から得られた教訓を伝承する活動の支援その他国民の自発的
　　　な防災活動の促進に関する事項

　十四　被災者の心身の健康の確保、居住の場所の確保その他被災者の保護

　　に関する事項

　十五　高齢者、障害者、乳幼児その他の特に配慮を要する者（以下「要配
　　慮者」という。）に対する防災上必要な措置に関する事項

　十六　海外からの防災に関する支援の受入れに関する事項

　十七　被災者に対する的確な情報提供及び被災者からの相談に関する事項

　十八　防災上必要な教育及び訓練に関する事項

　十九　防災思想の普及に関する事項

（政府の措置及び国会に対する報告）

第九条　政府は、この法律の目的を達成するため必要な法制上、財政上及び
　金融上の措置を講じなければならない。

2　政府は、毎年、政令で定めるところにより、防災に関する計画及び防災
　に関してとつた措置の概況を国会に報告しなければならない。

（他の法律との関係）

第十条　防災に関する事務の処理については、他の法律に特別の定めがある
　場合を除くほか、この法律の定めるところによる。

第三章　防災計画

（防災基本計画の作成及び公表等）

第三十四条　中央防災会議は、防災基本計画を作成するとともに、災害及び
　災害の防止に関する科学的研究の成果並びに発生した災害の状況及びこれ
　に対して行なわれた災害応急対策の効果を勘案して毎年防災基本計画に検
　討を加え、必要があると認めるときは、これを修正しなければならない。

2　中央防災会議は、前項の規定により防災基本計画を作成し、又は修正し
　たときは、すみやかにこれを内閣総理大臣に報告し、並びに指定行政機関
　の長、都道府県知事及び指定公共機関に通知するとともに、その要旨を公
　表しなければならない。

第三十五条　防災基本計画は、次の各号に掲げる事項について定めるものと
　する。

　一　防災に関する総合的かつ長期的な計画

　二　防災業務計画及び地域防災計画において重点をおくべき事項

　三　前各号に掲げるもののほか、防災業務計画及び地域防災計画の作成の
　　基準となるべき事項で、中央防災会議が必要と認めるもの

2　防災基本計画には、次に掲げる事項に関する資料を添付しなければなら
　ない。

　　一　国土の現況及び気象の概況

　　二　防災上必要な施設及び設備の整備の概況

　　三　防災業務に従事する人員の状況

　　四　防災上必要な物資の需給の状況

　　五　防災上必要な運輸又は通信の状況

　　六　前各号に掲げるもののほか、防災に関し中央防災会議が必要と認める
　　　事項

（指定行政機関の防災業務計画）

第三十六条　指定行政機関の長は、防災基本計画に基づき、その所掌事務に
　関し、防災業務計画を作成し、及び毎年防災業務計画に検討を加え、必要
　があると認めるときは、これを修正しなければならない。

2　指定行政機関の長は、前項の規定により防災業務計画を作成し、又は修
　正したときは、すみやかにこれを内閣総理大臣に報告し、並びに都道府県
　知事及び関係指定公共機関に通知するとともに、その要旨を公表しなけれ
　ばならない。

3　第二十一条の規定は、指定行政機関の長が第一項の規定により防災業務
　計画を作成し、又は修正する場合について準用する。

第三十七条　防災業務計画は、次に掲げる事項について定めるものとする。

　　一　所掌事務について、防災に関しとるべき措置

　　二　前号に掲げるもののほか、所掌事務に関し地域防災計画の作成の基準
　　　となるべき事項

2　指定行政機関の長は、防災業務計画の作成及び実施にあたつては、他の
　指定行政機関の長が作成する防災業務計画との間に調整を図り、防災業務
　計画が一体的かつ有機的に作成され、及び実施されるように努めなければ
　ならない。

（他の法令に基づく計画との関係）

第三十八条　指定行政機関の長が他の法令の規定に基づいて作成する次に掲
　げる防災に関連する計画の防災に関する部分は、防災基本計画及び防災業
　務計画と矛盾し、又は抵触するものであつてはならない。

　　一　国土形成計画法（昭和二十五年法律第二百五号）第二条第一項に規定
　　　する国土形成計画

　　二　森林法（昭和二十六年法律第二百四十九号）第四条第一項に規定する
　　　全国森林計画及び同条第五項に規定する森林整備保全事業計画

三　特殊土壌地帯災害防除及び振興臨時措置法（昭和二十七年法律第九十六号）第三条第一項に規定する災害防除に関する事業計画

四　保安林整備臨時措置法（昭和二十九年法律第八十四号）第二条第一項に規定する保安林整備計画

五　首都圏整備法（昭和三十一年法律第八十三号）第二条第二項に規定する首都圏整備計画

六　特定多目的ダム法（昭和三十二年法律第三十五号）第四条第一項に規定する多目的ダムの建設に関する基本計画

七　台風常襲地帯における災害の防除に関する特別措置法（昭和三十三年法律第七十二号）第二条第二項に規定する災害防除事業五箇年計画

八　豪雪地帯対策特別措置法（昭和三十七年法律第七十三号）第三条第一項に規定する豪雪地帯対策基本計画

九　近畿圏整備法（昭和三十八年法律第百二十九号）第二条第二項に規定する近畿圏整備計画

十　中部圏開発整備法（昭和四十一年法律第百二号）第二条第二項に規定する中部圏開発整備計画

十一　海洋汚染等及び海上災害の防止に関する法律（昭和四十五年法律第百三十六号）第四十三条の五第一項に規定する排出油等の防除に関する計画

十二　社会資本整備重点計画法（平成十五年法律第二十号）第二条第一項に規定する社会資本整備重点計画

十三　前各号に掲げるもののほか、政令で定める計画

（指定公共機関の防災業務計画）

第三十九条　指定公共機関は、防災基本計画に基づき、その業務に関し、防災業務計画を作成し、及び毎年防災業務計画に検討を加え、必要があると認めるときは、これを修正しなければならない。

2　指定公共機関は、前項の規定により防災業務計画を作成し、又は修正したときは、速やかに当該指定公共機関を所管する大臣を経由して内閣総理大臣に報告し、及び関係都道府県知事に通知するとともに、その要旨を公表しなければならない。

3　第二十一条の規定は、指定公共機関が第一項の規定により防災業務計画を作成し、又は修正する場合について準用する。

（都道府県地域防災計画）

第四十条　都道府県防災会議は、防災基本計画に基づき、当該都道府県の地域に係る都道府県地域防災計画を作成し、及び毎年都道府県地域防災計画に検討を加え、必要があると認めるときは、これを修正しなければならない。この場合において、当該都道府県地域防災計画は、防災業務計画に抵触するものであつてはならない。

2　都道府県地域防災計画は、おおむね次に掲げる事項について定めるものとする。

　　一　当該都道府県の地域に係る防災に関し、当該都道府県の区域の全部又は一部を管轄する指定地方行政機関、当該都道府県、当該都道府県の区域内の市町村、指定公共機関、指定地方公共機関及び当該都道府県の区域内の公共的団体その他防災上重要な施設の管理者（次項において「管轄指定地方行政機関等」という。）の処理すべき事務又は業務の大綱

　　二　当該都道府県の地域に係る防災施設の新設又は改良、防災のための調査研究、教育及び訓練その他の災害予防、情報の収集及び伝達、災害に関する予報又は警報の発令及び伝達、避難、消火、水防、救難、救助、衛生その他の災害応急対策並びに災害復旧に関する事項別の計画

　　三　当該都道府県の地域に係る災害に関する前号に掲げる措置に要する労務、施設、設備、物資、資金等の整備、備蓄、調達、配分、輸送、通信等に関する計画

3　都道府県防災会議は、都道府県地域防災計画を定めるに当たつては、災害が発生し、又は発生するおそれがある場合において管轄指定地方行政機関等が円滑に他の者の応援を受け、又は他の者を応援することができるよう配慮するものとする。

4　都道府県防災会議は、第一項の規定により都道府県地域防災計画を作成し、又は修正したときは、速やかにこれを内閣総理大臣に報告するとともに、その要旨を公表しなければならない。

5　内閣総理大臣は、前項の規定により都道府県地域防災計画について報告を受けたときは、中央防災会議の意見を聴くものとし、必要があると認めるときは、当該都道府県防災会議に対し、必要な助言又は勧告をすることができる。

第四十一条　都道府県が他の法令の規定に基づいて作成し、又は協議する次に掲げる防災に関する計画又は防災に関連する計画の防災に関する部分

は、防災基本計画、防災業務計画又は都道府県地域防災計画と矛盾し、又は抵触するものであつてはならない。

一　水防法（昭和二十四年法律第百九十三号）第七条第一項及び第六項に規定する都道府県の水防計画並びに同法第三十三条第一項に規定する指定管理団体の水防計画

二　離島振興法（昭和二十八年法律第七十二号）第四条第一項に規定する離島振興計画

三　海岸法（昭和三十一年法律第百一号）第二条の三第一項の海岸保全基本計画

四　地すべり等防止法（昭和三十三年法律第三十号）第九条に規定する地すべり防止工事に関する基本計画

五　活動火山対策特別措置法（昭和四十八年法律第六十一号）第十四条第一項に規定する避難施設緊急整備計画並びに同法第十九条第一項に規定する防災営農施設整備計画、同条第二項に規定する防災林業経営施設整備計画及び同条第三項に規定する防災漁業経営施設整備計画

六　地震防災対策強化地域における地震対策緊急整備事業に係る国の財政上の特別措置に関する法律（昭和五十五年法律第六十三号）第二条第一項に規定する地震対策緊急整備事業計画

七　半島振興法（昭和六十年法律第六十三号）第三条第一項に規定する半島振興計画

八　前各号に掲げるもののほか、政令で定める計画

（市町村地域防災計画）

第四十二条　市町村防災会議（市町村防災会議を設置しない市町村にあつては、当該市町村の市町村長。以下この条において同じ。）は、防災基本計画に基づき、当該市町村の地域に係る市町村地域防災計画を作成し、及び毎年市町村地域防災計画に検討を加え、必要があると認めるときは、これを修正しなければならない。この場合において、当該市町村地域防災計画は、防災業務計画又は当該市町村を包括する都道府県の都道府県地域防災計画に抵触するものであつてはならない。

2　市町村地域防災計画は、おおむね次に掲げる事項について定めるものとする。

一　当該市町村の地域に係る防災に関し、当該市町村及び当該市町村の区域内の公共的団体その他防災上重要な施設の管理者（第四項において

「当該市町村等」という。）の処理すべき事務又は業務の大綱

二　当該市町村の地域に係る防災施設の新設又は改良、防災のための調査研究、教育及び訓練その他の災害予防、情報の収集及び伝達、災害に関する予報又は警報の発令及び伝達、避難、消火、水防、救難、救助、衛生その他の災害応急対策並びに災害復旧に関する事項別の計画

三　当該市町村の地域に係る災害に関する前号に掲げる措置に要する労務、施設、設備、物資、資金等の整備、備蓄、調達、配分、輸送、通信等に関する計画

3　市町村地域防災計画は、前項各号に掲げるもののほか、市町村内の一定の地区内の居住者及び当該地区に事業所を有する事業者（以下この項及び次条において「地区居住者等」という。）が共同して行う防災訓練、地区居住者等による防災活動に必要な物資及び資材の備蓄、災害が発生した場合における地区居住者等の相互の支援その他の当該地区における防災活動に関する計画（同条において「地区防災計画」という。）について定めることができる。

4　市町村防災会議は、市町村地域防災計画を定めるに当たつては、災害が発生し、又は発生するおそれがある場合において当該市町村等が円滑に他の者の応援を受け、又は他の者を応援することができるよう配慮するものとする。

5　市町村防災会議は、第一項の規定により市町村地域防災計画を作成し、又は修正したときは、速やかにこれを都道府県知事に報告するとともに、その要旨を公表しなければならない。

6　都道府県知事は、前項の規定により市町村地域防災計画について報告を受けたときは、都道府県防災会議の意見を聴くものとし、必要があると認めるときは、当該市町村防災会議に対し、必要な助言又は勧告をすることができる。

7　第二十一条の規定は、市町村長が第一項の規定により市町村地域防災計画を作成し、又は修正する場合について準用する。

第四十二条の二　地区居住者等は、共同して、市町村防災会議に対し、市町村地域防災計画に地区防災計画を定めることを提案することができる。この場合においては、当該提案に係る地区防災計画の素案を添えなければならない。

2　前項の規定による提案（以下この条において「計画提案」という。）は、

当該計画提案に係る地区防災計画の素案の内容が、市町村地域防災計画に抵触するものでない場合に、内閣府令で定めるところにより行うものとする。

3　市町村防災会議は、計画提案が行われたときは、遅滞なく、当該計画提案を踏まえて市町村地域防災計画に地区防災計画を定める必要があるかどうかを判断し、その必要があると認めるときは、市町村地域防災計画に地区防災計画を定めなければならない。

4　市町村防災会議は、前項の規定により同項の判断をした結果、計画提案を踏まえて市町村地域防災計画に地区防災計画を定める必要がないと決定したときは、遅滞なく、その旨及びその理由を、当該計画提案をした地区居住者等に通知しなければならない。

5　市町村地域防災計画に地区防災計画が定められた場合においては、当該地区防災計画に係る地区居住者等は、当該地区防災計画に従い、防災活動を実施するように努めなければならない。

（都道府県相互間地域防災計画）

第四十三条　都道府県防災会議の協議会は、防災基本計画に基づき、当該地域に係る都道府県相互間地域防災計画を作成し、及び毎年都道府県相互間地域防災計画に検討を加え、必要があると認めるときは、これを修正しなければならない。この場合において、当該都道府県相互間地域防災計画は、防災業務計画に抵触するものであつてはならない。

2　都道府県相互間地域防災計画は、第四十条第二項各号に掲げる事項の全部又は一部について定めるものとする。

3　第四十条第三項から第五項までの規定は、都道府県相互間地域防災計画について準用する。この場合において、これらの規定中「都道府県防災会議」とあるのは、「都道府県防災会議の協議会」と読み替えるものとする。

（市町村相互間地域防災計画）

第四十四条　市町村防災会議の協議会は、防災基本計画に基づき、当該地域に係る市町村相互間地域防災計画を作成し、及び毎年市町村相互間地域防災計画に検討を加え、必要があると認めるときは、これを修正しなければならない。この場合において、当該市町村相互間地域防災計画は、防災業務計画又は当該市町村を包括する都道府県の都道府県地域防災計画に抵触するものであつてはならない。

2　市町村相互間地域防災計画は、第四十二条第二項各号に掲げる事項の全

　部又は一部について定めるものとする。

3　第四十二条第四項から第六項までの規定は、市町村相互間地域防災計画について準用する。この場合において、これらの規定中「市町村防災会議」とあるのは、「市町村防災会議の協議会」と読み替えるものとする。

（地域防災計画の実施の推進のための要請等）

第四十五条　地方防災会議の会長又は地方防災会議の協議会の代表者は、地域防災計画の的確かつ円滑な実施を推進するため必要があると認めるときは、都道府県防災会議又はその協議会にあつては当該都道府県の区域の全部又は一部を管轄する指定地方行政機関の長、当該都道府県及びその区域内の市町村の長その他の執行機関、指定地方公共機関、公共の団体並びに防災上重要な施設の管理者その他の関係者に対し、市町村防災会議又はその協議会にあつては当該市町村の長その他の執行機関及び当該市町村の区域内の公共的団体並びに防災上重要な施設の管理者その他の関係者に対し、これらの者が当該防災計画に基づき処理すべき事務又は業務について、それぞれ、必要な要請、勧告又は指示をすることができる。

2　地方防災会議の会長又は地方防災会議の協議会の代表者は、都道府県防災会議又はその協議会にあつては当該都道府県の区域の全部又は一部を管轄する指定地方行政機関の長、当該都道府県及びその区域内の市町村の長その他の執行機関、指定地方公共機関、公共的団体並びに防災上重要な施設の管理者その他の関係者に対し、市町村防災会議又はその協議会にあつては当該市町村の長その他の執行機関及び当該市町村の区域内の公共的団体並びに防災上重要な施設の管理者その他の関係者に対し、それぞれ、地域防災計画の実施状況について、報告又は資料の提出を求めることができる。

(2) 要　項

要項1

文化遺産防災ネットワーク推進会議開催要項

令 和 2 年 12 月 25 日

文化財防災センター長決裁

（前文）

　文化遺産防災ネットワーク推進会議は，東日本大震災の被災文化財等救援委員会を構成した文化財等関連団体のネットワークを基に，平成26年に文化財防災ネットワーク推進事業の一環として国立文化財機構文化財防災ネットワーク推進本部に設置された。令和2年10月に国立文化財機構本部に文化財防災センター（以下「センター」という。）を設置するにともない，この文化遺産防災ネットワーク推進会議を継承するものである。

（目的）

第1条　平常時における文化遺産防災のための連携体制の強化と技術研究の促進を図り，災害時における迅速な文化遺産の救出活動を行うために，国内の関係機関間のネットワーク構築を推進することを目的として，関係機関による文化遺産防災ネットワーク推進会議（以下「推進会議」という。）を開催する。

（協議事項）

第2条　推進会議は，前条に掲げる目的を達成するため，具体的な方策等について協議する。

（構成員）

第3条　推進会議は，文化財等に関係する機関の代表者をもって構成する。

2　関係機関の推進会議への新たな参加・脱退は，推進会議の承認を経て行われる。

（議長及び副議長）

第4条　推進会議の議長はセンター長をもって充てる。

2　副議長は副センター長をもって充てる。

3　議長は，推進会議を招集する。

4　副議長は議長に事故があるときは，その職務を代理する。

（構成員以外の者の出席）

第5条　議長が必要と認めたときは，推進会議の構成員以外の者を会議に出

　席させることができる。

（事務）

第6条　推進会議の事務は，センターにおいて処理する。

（幹事会）

第7条　推進会議を円滑に機能させるため，推進会議参画団体幹事会（以下
　「幹事会」という。）を設置する。

2　推進会議参画団体から4団体程度を幹事として構成員の互選により選出
　する。

3　幹事会は，幹事とセンターで構成する。

4　幹事の任期は，2年とする。

5　幹事会は，「文化遺産防災ネットワーク推進会議の災害時における活動
　ガイドライン（令和2年2月4日）」（以下「推進会議活動ガイドライン」
　という。）の基本方針により活動するものとする。

6　幹事会は，推進会議活動ガイドラインの実効性や改善を要する部分を検
　証し，改善するものとする。

7　幹事会の事務はセンターにおいて処理する。

（雑則）

第8条　この要項に定めるもののほか，推進会議の運営等に関し必要な事項
　は，センター長が別に定める。

附　　則

1　この要項は，令和2年12月25日から施行し，令和2年10月1日から
　適用する。

2　この要項の施行日前日までに，文化遺産防災ネットワーク推進会議設置
　要項（平成26年9月2日推進本部長決裁）に基づき承認された構成員は，
　この要項による適用を受けたものとみなす。

（3）　文化財防災センターの定めるガイドライン等

ガイドライン１

文化遺産防災ネットワーク推進会議の災害時における
活動ガイドライン

令和2年2月4日

改正　令和3年2月19日

　文化遺産に係る防災及び災害時の連携体制（ネットワーク）は、都道府県内連携体制、都道府県間連携体制（広域連携）、当ネットワーク推進会議のような、文化遺産に係る専門的な全国組織等が集まったネットワークの3つに大別することができる。

　災害時の対応は、まずは都道府県の文化財所管部局ないし同部局を中心とした都道府県内連携体制、そして広域連携体制のなかで行われるのが望ましい。⁽¹⁾しかしそのような体制内で対応できない場合は外部（文化庁及び文化遺産防災ネットワーク推進会議参画団体等）に支援を求める必要が出てくる。

　この「文化遺産防災ネットワーク推進会議の災害時における活動ガイドライン」は、災害時に支援要請が出される場合、文化遺産防災ネットワーク推進会議の参画団体等がどのように情報共有を行い、連携するかという基本方針を記している。⁽²⁾

1　名称

　「文化遺産防災ネットワーク推進会議の災害時における活動ガイドライン」（以下「推進会議活動ガイドライン」）とする。

2　組織（参画団体幹事会）

　推進会議参画団体のなかから4団体程度を2年の任期で幹事として選出し、文化遺産防災ネットワーク推進会議参画団体幹事会を設置する（以下「参画団体幹事会」）。参画団体幹事会は幹事と幹事会事務局で構成する。幹事は、収集・集約された情報の分析と判断、必要な場合は関係機関への働きかけを行う。平常時にはガイドラインの改善を行う。

　文化庁との情報共有は緊密な連携のもとに行う。

3　組織（幹事会事務局）

　参画団体幹事会の事務局は国立文化財機構文化財防災センターに置く。

　幹事会事務局は、災害時には情報の収集・集約・共有、連絡調整等を行い、平常時には災害時に備えた各種の活動を行う。

4 対象とする文化遺産

　文化遺産防災は有形・無形、動産・不動産、指定・未指定を問わず多様な
文化遺産を対象として、関連組織・団体の緊密な連携のもとに情報共有や対
策を行う必要がある。

　この推進会議活動ガイドラインにおいて、災害時に所有者等から要請が
あった場合、救援・支援の対象とするのは当面動産の文化遺産であるが、今
後、不動産の文化遺産（歴史的建造物、史跡名勝天然記念物）及び無形文化
遺産についても、連携した救援・救出のあり方を検討していく。

5 推進会議参画団体の活動

　推進会議参画団体は、国内各地の文化遺産に関係する各種の活動を行って
おり、平常時から各地の機関・専門家と関係を構築している。推進会議参画
団体は、関連する文化遺産の被災が伝えられると、自らの判断で独自の情報
収集活動及び救援・支援活動を行う。推進会議参画団体が個別に行動を開始
することについて何ら制限はない。

　ただし参画団体は、参画団体幹事会ないし災害時に設置される推進会議文
化遺産災害支援本部（7に記載）と活動について情報の共有を行う。

6 初動としての概略情報収集活動（第1フェーズ）

　災害時に幹事会事務局は、救援・支援活動を行う必要があるかどうかの検
討に用いる概略情報を集めるため、以下のような取り組みを行う。この段階
を第1フェーズとする。

（1）概略情報の収集

　幹事会事務局は、推進会議参画団体等に照会し、収集している情報につい
て回答を得る。幹事会事務局はメール等による情報を編集して「照会・回答
一覧」を作成する。推進会議参画団体等が、実際の救援・支援活動に入った
ら、どこで、おおよそどのような活動をしているかという情報を照会して、
「簡易活動日報一覧」に編集し、組織・団体の活動計画立案者と情報共有を
図るとともに、活動の次の段階に役立てる。その際、救援・支援に関して重
要性、緊急性が高いかどうか、域内メンバーによる支援活動で十分であるか
どうかという点に特に留意する。

　このフェーズの情報収集は都道府県内の文化遺産被害の全容把握を目的と
するものではない

（2）概略情報の主な照会先

　推進会議参画団体、被災都道府県の文化財所管部局（必要がある場合は、

都道府県知事部局や社会教育関連部局）、被災都道府県内の関連組織⁽⁷⁾

(3) 概略情報の共有範囲（いずれも各組織・団体の活動計画立案者）

　収集された情報及び状況に応じて、「参画団体幹事会及び文化庁、活動している推進会議参画団体、被災都道府県の文化財所管部局（必要がある場合は、都道府県知事部局や社会教育関連部局）、被災都道府県内の関連組織、参画団体すべて」のなかで、共有範囲を設定する。

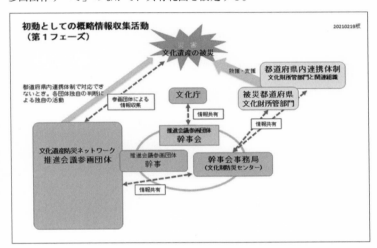

7　推進会議文化遺産災害支援本部の設置（第2フェーズ）

　災害時に文化遺産の被災が伝えられ、推進会議参画団体等が幹事会事務局に救援・支援の必要性を伝え、参画団体幹事会がそれを必要と判断した段階で、参画団体幹事会は推進会議文化遺産災害支援本部を設置する。この段階を第2フェーズとする。

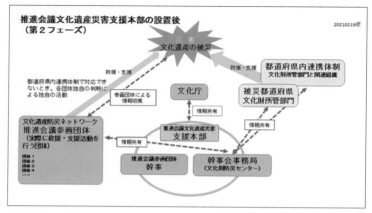

8　救援・支援に係る４つのレベル区分設定（第２フェーズ）

　６で述べた情報収集活動をもとに、参画団体幹事会は被災都道府県の文化財所管部局や文化庁との協議によって、救援・支援の体制を以下の４つのレベルに設定する。被災の規模や程度に応じて、比較的小さなレベル１から甚大な被害のレベル４までとする。これは「文化遺産の被災にあたって都道府県内連携体制での対応が可能かどうか、推進会議参画団体の支援を要するレベルにあるかどうか」という区分であり、災害そのものの規模とは必ずしも合致しない。また、レベル１および２を除き、被災都道府県の文化財所管部局（必要がある場合は、都道府県知事部局や社会教育関連部局）から文化庁への支援要請を受けて、文化庁が参画団体幹事会に協力要請することを想定している。レベル区分は、収集される情報やその分析により、時間の経過とともに変動する場合がある。

レベル１

被災の規模や程度は比較的小さく、都道府県内の連携体制で対応が可能である。

レベル２

被災した都道府県市等が連携体制救援の実施主体となるが、場合により推進会議参画各団体からの支援も必要とする。

（例：平成27年関東・東北豪雨、平成28年台風10号、平成29年九州北部豪雨、平成30年7月豪雨等）

レベル３

被災した都道府県内連携だけでは対応できず、都道府県は救援対策本部を設置し、外部の協力を求める。文化庁から参画団体幹事会への協力要請を受け、推進会議参画団体は救援対策本部と連携する。

（例：平成28年熊本地震）

レベル４

都道府県内連携だけでは対応できず、被災都道府県からの救援要請に基づき文化庁は参画団体幹事会へ協力を要請し、被災文化財等救援委員会を設置する。推進会議参画団体は同救援委員会の構成メンバーとなって活動する。文化庁からの要請を受け、救援委員会の事務局は国立文化財機構に置く。

（例：平成7年阪神・淡路大震災、平成23年東日本大震災）

9　文化遺産災害支援本部設置後　各災害レベルにおける活動（第2フェーズ）

　第2フェーズでは以下のような取り組みを行う。[8]

レベル１ないしレベル２の活動

　（1）詳細情報等の収集

　　救援・支援活動のための詳細情報を収集する。また情報の集約・共有、連絡調整を行う。

　（2）情報の主な照会先

　6の（2）に同じ。

　（3）情報の共有範囲

　6の（3）に同じ。

レベル３の活動

熊本県被災文化財救援事業の要項及びスキームに準じたものに従う。救援・支援活動のための詳細情報を収集する。6（1）の概略情報も並行して収集し、一覧を共有する。

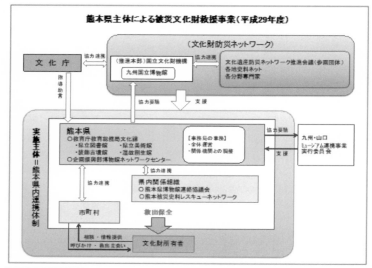

レベル4の活動

東北地方太平洋沖被災文化財等救援事業の要項及びスキームに準じたものに
従う。救援・支援活動のための詳細情報を収集する。6(1)の概略情報も並
行して収集し、一覧を共有する。

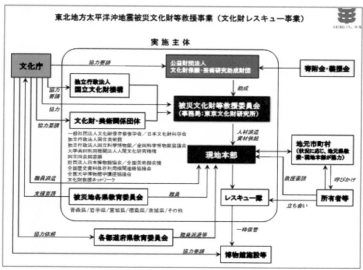

10　連携する組織・団体等

(1)　文化庁

(2)　推進会議参画団体（国立文化財機構各施設も含む）

(3)　都道府県文化財所管部局（必要がある場合は、都道府県知事部局や社会
　　教育関連部局）

(4)　都道府県内連携体制

(5)　都道府県間（広域）連携体制

(6)　大学等の学術機関

(7)　助成団体、基金

(8)　関連企業、協賛企業

(9)　その他（組織・団体に属さない専門家等）

11　推進会議活動ガイドラインの改善

(1)　参画団体幹事会は推進会議活動ガイドラインの実効性や改善を要する部
　　分を検証し、改善する。同ガイドラインの PDCA サイクルを重視する。

(2)　参画団体幹事会は必要に応じて、救援・支援活動に携わった担当者等に
　　参画団体幹事会への出席を依頼し意見を求める。

12　公開と共有

　　推進会議活動ガイドラインは、国立文化財機構のホームページ等で公開
し、推進会議参画団体のみならずわが国の文化遺産防災関係者が共通認識を
持てるようにする。また 11 に係る協議内容、改善の経過については、配慮
を要する情報に十分留意した上で議事録を作成し、国立文化財機構のホーム
ページでその要約を公開する。

13　その他

　　推進会議活動ガイドラインに記載されていない事柄について別途定める必
要が生じた場合は、幹事会事務局がこれを行い、所定の手続を経て改訂す
る。

ガイドライン 2
室内労働環境の浮遊カビの測定・評価と浮遊カビ等からの防護に関する管理基準（ガイドライン）

　　水損した文化財に対するレスキュー作業を主に念頭に置いて、室内労働環
境の浮遊カビの測定方法、汚染の評価、浮遊カビのレベルと防護方法につい

て以下のように管理基準を定める。(10)

　本ガイドラインと「浮遊カビ等からの人体の防護に関するマニュアル」は一対をなす。

1　測定方法

　測定時の環境

　浮遊カビの測定は、普段通りの作業下で実施する。室内は、原則として窓を開放しない状態で測定する。窓を開放した場合は、少なくとも3時間以上窓を閉じた後に測定する。

　測定器

　ISO　規格基準に適合した器材とする。

　測定法

　床から約1メートルの高さで室内中央を測定点とする。ただし測定器を置くことが困難な場合は、周辺の安定した場所とする。

　　1）測定器の必要な部分をアルコール綿で殺菌する。

　　2）採取空気量を設定する（例100 L、200 L、250 L、500 L）。

　　3）使用する培地を測定器に設置する。

　　　寒天培地は以下の a.好湿性培地、b.好乾性培地から一種類ずつを状況に応じて選択し、適切に使用する。

　　　a.　抗生物質添加ポテト・デキストロース寒天培地、

　　　　　抗生物質添加サブロー・ブドウ糖寒天培地

　　　b.　M 40 Y 寒天培地、DG 18 寒天培地

　　4）空気採取終了後に寒天培地を取り出し、測定場所を記録する。

　　5）測定した日時、天気、測定地点、温湿度、使用培地、空気採取量等必要事項を記録する。また、空調機器、空気清浄機、送風機等を稼働している場合はそれを記録する。

　培養・観察・計数

　　1）採取後の培地は、汚染を防ぐためテープや輪ゴム等で固定し、ビニール袋または容器に入れる。

　　2）25～28℃ インキュベーターで培養する。

　　3）培養3日前後に培地に現れたコロニーを計数する。なお、計数時は培地を上下にしない。

　　4）3日前後で著しく速やかな発育をするカビが確認された培地は、単

独の袋か別容器に移す。

5) さらに培養を継続し、7日後にコロニーを最終計数する。加えて単一ないし数種類のカビかどうかを観察する。

2　浮遊カビの評価基準

1) 災害時の維持管理基準

(1) 作業区域　（被災資料を扱う作業室、保管室等）

1,000 cfu/m³ 未満

(2) 一般業務区域　（事務所、会議室等）

200 cfu/m³ 未満

2) 浮遊カビ数に対応した汚染度を表す用語

2,000 cfu/m³ 以上 ………………………… 強汚染

1,000 cfu/m³ 以上 2,000 cfu/m³ 未満 …… 汚染

200 cfu/m³ 以上 1,000 cfu/m³ 未満 … 準清浄

200 cfu/m³ 未満 ………………………… 清浄

単一ないし数種類のカビで 600 cfu/m³〜1,000 cfu/m³ 程度であった場合は、汚染または強汚染とする。

＊以上は、生きたカビの浮遊数の評価であるが、死んだカビや死んだカビの微細断片もアレルギー反応等の健康被害を引き起こすため、必要な場合には上記に加え、浮遊粒子全般の計測も実施することが望ましい。

3　浮遊カビの汚染度と防護方法

1) 強汚染または汚染の場合

作業区域では防じん性能の高い産業用マスク（DS 2 およびそれ以上の防じん性を有するマスク）を着用する[11]。ゴーグルは常時着用ないし携行を推奨する。アイソレーションキャップ等を着用する。作業着は使い捨ての防護服（つなぎの不織布製白衣等）ないし一般的な作業服とする。一般業務区域においても上記のマスクを着用する。

2) 準清浄または清浄の場合

作業区域では、少なくとも DS 1 相当マスクまたは日本産業規格等に適合した不織布マスクを着用する。作業着は一般的な作業服とする。

燻蒸の前後にかかわらず、カビが付着した資料を出し入れする、ク

リーニングする、固着した紙資料を分離する等の作業（カビが付着している資料に長時間近接して行う作業）では、強汚染または汚染の場合の防護方法に準じる。

　一般業務区域では、マスク着用は任意とする。服装は一般的な服装とする。

マニュアル1
浮遊カビ等からの人体の防護に関するマニュアル[(12)]

　水損した文化財やそれが保管されている建物では、多量のカビが発生していることが多いため、文化財のレスキューにあたっては、作業者のカビによる健康被害の防止に十分留意する必要がある。

　カビの中には、呼吸器に入って病原性を示すものや、体力が低下しているときに日和見感染を起こすものもある。また燻蒸殺菌済みであっても、残っている多量のカビにより各種のアレルギー反応が引き起こされる場合もある。また、カビが産生する毒素を吸入すると、健康被害が起きる場合もある。さらに死んだカビの微細断片もアレルギー反応等の健康被害を引き起こすことから、このような微細粉塵全般について吸入しない対策が必要となる。

　本マニュアルは、カビが発生した資料を扱う作業においてこれらのリスクを回避するため、浮遊カビの汚染度に応じた防護具の選択について記載したものである。

　また、本マニュアルと「室内労働環境の浮遊カビの測定・評価と浮遊カビ等からの防護に関する管理基準（ガイドライン）」（以下、「ガイドライン」とする）は一対をなし、浮遊カビ数に対応した汚染度については、「ガイドライン」を参照する。

1) 強汚染または汚染の場合の作業区域
(1,000 cfu/m³ 以上あるいは単一ないし数種類のカビで 600〜1,000 cfu/m³ 程度)

マスク

　カビ等が呼吸器に入って肺炎等を起こさないよう防じん性能の高い産業用マスク（DS2およびそれ以上の防じん性を有するマスク）を着用する。[(13)]マスクを正しく選択すること、顔面とマスクの隙間からの漏れ込みを減らすこと、マスクの表面に付着した有害物質を体内に取り込まないようにすること

は、マスクのフィルター性能と並んで、場合によってはそれ以上に重要である。（留意事項3を参照）

ゴーグル

　眼に悪影響がないように原則常時着用もしくは携行を推奨する。ただしゴーグルは内側が曇り、危険になる場合があるので、常時着用は義務づけない。ゴーグルは曇り止め加工がされており、顔面に密着するものを選択する。

アイソレーションキャップ、防護服に付属しているフード等

　毛髪にカビ等がつかないように着用する。

作業着

　作業着は使い捨ての防護服（つなぎの不織布製白衣等）ないし一般的な作業服とする。

　ただし後者については、作業終了後、付着したカビを飛散させないように袋等に密閉して持ち運び、適切に殺菌を行う。作業服の殺菌については、以下のいずれかの方法等で実施する。

①塩素系漂白剤を洗濯用洗剤といっしょに使う。

※塩素系漂白剤は、酸性の製品、アルコール（消毒用エタノール等）と混ぜ
　ると、有毒なガスが発生して危険なので注意すること。

※塩素系漂白剤は漂白力が強く、染料まで脱色してしまうことがある。

②酸素系漂白剤を 40℃ くらいのぬるま湯に溶かし、つけおきしてから、水
　ですすぐか洗濯する。

2）準清浄または清浄の場合の作業区域（1,000 cfu/m³ 未満）

マスク

　少なくとも DS1 相当マスクまたは日本産業規格等に適合した不織布マス
クを着用する。
⁽¹⁴⁾

　ただし 1,000 cfu/m³ 以下の場合の作業区域であっても、燻蒸の前後にかかわらず、カビが付着した資料を出し入れする、クリーニングする、固着した紙資料を分離する等の作業（カビが付着している資料に長時間近接して行う作業）では、強汚染または汚染の場合の防護方法に準じる。

作業着

　一般的な作業服とする。

ゴーグル

　必要に応じて使用を検討する。

アイソレーションキャップ、手ぬぐい等

必要に応じて使用を検討する。

留意事項

留意事項1

　強汚染または汚染の場合の作業区域で最も気をつけるべきことは、カビ等を吸引しないようにすることである。DS2およびそれ以上の防じん性能を有するマスクの着用は原則必須として、作業服は熱中症の防止を優先した総合的なリスク管理のもとで選択する。

留意事項2

　空中を浮遊するカビの胞子の最小の大きさはおよそ2μmである。2μm の粒子をDS1マスクは98％、DS2マスク、DS3マスクは99％捕集する[15]。胞子の捕集に限定すれば、DS1マスクも高い性能を持っているといえる。

　ただし、本マニュアルの冒頭に記した通り、アレルギー等の健康被害は、生きているカビだけではなく、死んだカビ、そして2μmよりも微細なカビの断片（死んだカビの胞子や菌糸断片等）によっても引き起こされることが明らかになっている[16]。強汚染または汚染の作業区域においては、このような2μm未満のカビの断片がきわめて大量に発生し浮遊している可能性が高いため、作業時にはDS2およびそれ以上の防じん性能を持つマスクを正しく装着する必要がある[17]。

留意事項3

　いかに防じん性能の高いマスクであっても、顔に合ったサイズ・形状のマスクを選択したうえで装着しないと、フィルター以外の部分、つまり鼻やあご等とマスクの隙間から大きな漏れ込みが生じて防じん性は保証されなくなる。装着前にマスクのサイズ・形状を必ず確認し、使用製品のメーカー等によるイラストや写真入りの装着説明図や動画を事前に確認することがきわめて重要である[18]。装着の際は、（ノーズクリップのあるものは顔の形に合うように折り曲げることも含め）顔面とマスクの隙間からの漏れ込みを減らす訓練を行ない、フィットチェックを実施すること[19]。また使用中、使用後のマスクの表面には有害物質が付着している可能性があるので、手指で触れる等により体内に取り込まないようにすること。

留意事項4

　p.178の規格一覧表からもわかるように、粒子捕集効率の設定は各国の規格においていずれも3段階となっている。またスリーエム社が公開している

資料「N 95、DS 2 相当の防じんマスク規格の国際比較」は、規格適合を認定されたマスクの性能について「互いに非常によく似ているため、同じように機能することが期待される」と記載するとともに、「自国の呼吸用保護具の規格を確認し、自国の公衆衛生当局の定める保護具の選択についての指針を確認する必要」があると推奨している。[20][21]

留意事項 5

　一般にマスクの粒子捕集効率が上がれば呼気抵抗及び吸気抵抗も上がる。つまり呼吸がしにくくなる。また規格を満たしているマスクでも製品のシリーズによって呼吸のしやすいものとそうでないものがある。文化財の緊急搬出時等、心肺機能に負荷がかかり、心拍数、呼吸数が多くなる作業については、周囲の環境（浮遊カビ、粉塵、温湿度等）と作業による負荷、熱中症の可能性、呼吸のしやすさ、その他の状況を総合的に考慮してマスクを選択し、リスク管理を行う必要がある。[22]

留意事項 6

　緊急搬出等、文化財のレスキューの初期の現場では、切創や刺創の危険性が伴うこと、カビだけでなく現場にある液体や気体、粉塵や細菌等が不詳であること等から十分な防護具を選択する必要はあるが、環境が改善されていけば、現場に適した防護具を選択できる。

　一例を挙げれば、化学防護服のタイベック ® ソフトウェアには I〜III 型があり、III 型は感染症、家畜感染症、アスベスト、ダイオキシン、化学薬品、化学物質、放射性粉塵から防護する目的で製造されている。病原性の強い細菌やカビ、さらに細菌より小さいウイルスから防護できるものであり、一般に危険因子が多い初期の現場には適している。環境が改善した作業区域では、II 型や I 型、あるいはそれに近い性能をもつ各メーカーの使い捨て防護服（ガウンも含む）や一般的な作業服で対応可能である。[23]

留意事項 7

　気温や湿度の高い環境では、熱中症になりにくい吸湿・速乾・通気に優れた作業服を選択する。その際セパレーツタイプやガウンの着用も選択肢に入れる。

留意事項 8

　作業区域ではその作業環境に適した靴（安全靴、底の厚い靴、長靴、短靴、スリッパ等）と手袋（耐切創用手袋、ニトリル手袋等）を用いる。素手の繊細な感覚が必要な応急処置作業もあるが、手指に傷口やささくれ等があ

る場合は必ずニトリル手袋等を着用する。なお、手袋の着用は作業者に対するさまざまなリスクを低減するためであり、カビ対策に限るものではない。

留意事項 9

本マニュアルは、主に浮遊カビに対する防護具の選択の目安を記しているが、浮遊カビ以外の粉塵や液体等の対象から人体を防護する必要があれば、対象に応じて適切な防護具を選択する。たとえば汚染水がある作業場等では耐水性の使い捨て防護服ないし作業服を用いる。

留意事項 10

カビによる健康被害の可能性と防護の必要性については冒頭で述べた通りであるが、とりわけアレルギー体質を有している人、ステロイド等の免疫抑制薬を服用している人、肺疾患や糖尿病等の持病がある人等はレスキュー作業に参加しないよう要請する。

マスクに係る参考資料

1. 産業用マスク[24]

文化財のレスキューに用いられることが多い、DS 2 等使い捨てかつ固体粒子対応の産業用防じんマスクを中心にして、日本、米国、欧州の規格を参考のため以下のようにまとめた。

日本の防じんマスクの国家検定規格（昭和 63 年労働省告示第 19 号）については以下のサイトを参照のこと。https://www.mhlw.go.jp/web/t_doc?dataId＝74041000（2022.1 参照）

防じんマスク　日本、米国、欧州の規格の比較
―DS 2 等使い捨て式かつ固体粒子対応の捕集を中心にして―

	日本　国家検定規格	米国　NIOSH 規格	欧州　EN 規格
試験粒子	塩化ナトリウム（粒子径：0.06〜0.10 μm。粒子径は個数基準中央径）	塩化ナトリウム（粒子径：0.075±0.02 μm。粒子径は個数基準中央径）	塩化ナトリウム（粒子径：0.6 μm。粒子径は質量基準中央値）。個数基準中央径では 0.06 μm に相当する）
試験流量	85 リットル/分	85 リットル/分	95 リットル/分
粒子捕集効率	使い捨て式 100 mg 供給させる間の最低値 DS 1：80.0% 以上 DS 2：95.0% 以上 DS 3：99.9% 以上	使い捨て式 200±5 mg 供給させる間の最低値 N 95：95.0% 以上 N 99：99.0% 以上 N 100：99.97% 以上	使い捨て式測定開始から 3±0.5 分後の測定値 FFP 1：80.0% 以上 FFP 2：94.0% 以上 FFP 3：99.0% 以上

マスクの規格に用いられている頭文字等	D：Disposal（使い捨て式） R：Replaceable（取替え式） S：Solid（固体） L：Liquid（液体）	N：Not resistant to oil（オイルミスト非対応）	FFP：Filtering Face Piece（フィルタリングフェイスピース）
吸気抵抗試験流量	40（リットル/分）	85（リットル/分）	30及び95（リットル/分）
吸気抵抗（ ）内は排気弁付	DS1：45 Pa 以下（60 Pa 以下） DS2：50 Pa 以下（70 Pa 以下） DS3：100 Pa 以下（150 Pa 以下）	N95：343 Pa 以下 N99：343 Pa 以下 N100：343 Pa 以下	30リットル/分 FFP1：60 Pa 以下 FFP2：70 Pa 以下 FFP3：100 Pa 以下 95リットル/分 FFP1：60 Pa 以下 FFP2：70 Pa 以下 FFP3：100 Pa 以下
Pa（パスカル）の値が小さいほど吸気抵抗は小さい＝呼吸が楽。ただし試験流量が規格によって異なる場合は、換算の上比較する必要がある。たとえば N95, N99, N100 のマスクの吸気抵抗を DS マスクの試験流量（40 リットル/分）に換算した場合、約166 Pa となる。			
排気抵抗試験流量	40（リットル/分）	85（リットル/分）	160（リットル/分）
排気抵抗（ ）内は排気弁付	DS1：45 Pa 以下（60 Pa 以下） DS2：50 Pa 以下（70 Pa 以下） DS3：100Pa以下（150 Pa 以下）	N95：245 Pa 以下 N99：245 Pa 以下 N100：245 Pa 以下	FFP1：300 Pa 以下 FFP2：300 Pa 以下 FFP3：300 Pa 以下
Pa（パスカル）の値が小さいほど排気抵抗は小さい。たとえば N95, N99, N100 のマスクの吸気抵抗を DS マスクの試験流量（40 リットル/分）に換算した場合、約115 Pa となる。			
備　考	DS シリーズの他、オイルミスト(試験粒子：フタル酸ジオクチル)に対応した使い捨ての DL シリーズがある。また取替え式の RS シリーズ、取替え式の RL シリーズがある。いずれも試験流量及び捕集効率の3区分（80.0%以上、95.0%以上、99.9%以上）は同じである。	N シリーズのほか、抗オイルミスト（試験粒子：フタル酸ジオクチル）の R シリーズ、オイルミスト対応の P シリーズがある。いずれも試験流量及び捕集効率の3区分（95.0%以上、99.0%以上、99.97%以上）は同じである。なお、この列における N シリーズは産業用マスクを指す。医療用 N95 は含んでいない。	FFP シリーズは、固体粒子及びオイルミスト（試験粒子は塩化ナトリウム及びパラフィンオイル）の両方で試験される。また取替え式の P シリーズがある。いずれも試験流量及び捕集効率の3区分（80.0%以上、94.0%以上、99.0%以上）は同じである。

マスクについては、ここで比較した規格の他、中国の KN 95、：オーストラリア及びニュージーランドの P 2（AS/NZS 1716 : 2012）、韓国の Korea 1 st Class（KMOEL -2017-64）、ブラジルの PFF 2（ABNT/NBR 13.698.2011）等がある。これらについては注 9 で紹介しているサイトを参照のこと。

1. 産業用マスクのうち使い捨て式と取替え式のマスク

　産業用マスクには使い捨て式と取替え式があり、それぞれに液体粒子対応（オイルミスト等）のシリーズと固体粒子対応のシリーズがある。文化財のレスキュー等には DS 2 等、使い捨てかつ固体粒子対応の産業用防じんマスクがよく用いられていることから、本マニュアルでもそれを中心に紹介しているが、長期間使用するのであれば、取替え式マスクは有用である。一般的に密着の性能も高い。

2. 取替え式のマスクのうち、RL シリーズと RS シリーズ

　日本の規格の場合、取替え式のマスクには液体粒子対応の RL シリーズと固体粒子対応の RS シリーズがあるが、RL シリーズは、実際には液体粒子と固体粒子双方を防護するので、RS シリーズより上位に位置付けられているとされている。

3. 日本産業規格（JIS）における医療用マスクと一般用マスク

　2021 年 6 月 16 日付で、産業用以外のマスクに関する日本産業規格（JIS）が制定された。

https：//www.meti.go.jp/press/2021/06/20210616002/20210616002.html（2022.1 参照）

https：//www.mhlw.go.jp/stf/newpage_19244.html（2022.1 参照）

　概要等は以下の通りである。

番号	JIS T 9001
名称	医療用マスク及び一般用マスクの性能要件及び試験方法
概要	微小粒子や飛まつ等の体内への侵入を防御・空気中への飛散を防止することを目的とした、医療用・一般用マスクについての規格

番号	JIS T 9002
名称	感染対策医療用マスクの性能要件及び試験方法
概要	医療施設において感染症にり患している患者等に対し、手術、治療又は接近する医療従事者などが使用するマスクについての規格

　本ガイドライン及びマニュアルにおいて、準清浄または清浄の作業区域で着用を推奨している日本産業規格に適合した不織布マスクは、JIS T 9001のうちの一般用マスクである。

4. 液体防護性をもった医療用マスク

　N 95 マスクは、NIOSH（米国労働安全衛生研究所）規格に合格したマスクである。医療用 N 95 マスクと産業用 N 95 マスクが存在するので、N 95 マスクに言及する場合は、そのどちらを意味しているか明らかにした方が良い。

　医療用 N 95 マスクが産業用マスクと大きく異なる点は、液体防護性、すなわち外科手術で患者の体液等が医療従事者のマスクの内側に浸透すること等を防ぐ性能である。医療用 N 95 マスクの供給に影響を及ぼすことがあるため、液体防護性が必要とされない文化財レスキュー等の現場では用いないことが望ましい。同様のことは、日本産業規格 T 9001 及び T 9002 のうち液体防護性をもった日本の医療用マスクについてもあてはまる。[(25)]

5. 一般用マスクのうちの不織布マスクの装着法

　米疾病対策センター（CDC）の実験（2021 年 2 月 10 日公表）によれば、不織布マスクを顔に密着させた場合、空気中を漂う微粒子（エアロゾル＝記事内では 10 μm 以下と定義）は 90% 超捕集され、密着していない着用では 42% であった。

　https：//www.cdc.gov/mmwr/volumes/70/wr/mm 7007 e 1.htm?s_cid= mm 7007 e 1_w（2022.1 参照）

　この論文は、マスクを密着させることが大事であると強調しているが、その方法として、「不織布マスクの上に布製マスクを覆う（二重マスク）」、「不織布マスクの紐に結び目を入れる」、「マスクフィッターを使う」、「マスクの上からナイロンで覆う」（薄いナイロン製のストッキング素材をマスクの周りにまく）といった選択肢を提案している。

　https：//www.cdc.gov/coronavirus/2019-ncov/your-health/effective-masks.html（2022.1 参照）

　不織布マスクの捕集効率に関して、ウイルスを想定して用いられている試験粒子の大きさは約 0.1 μm であり、空中を浮遊するカビの胞子の最小の大きさ（およそ 2 μm）より小さいが、密着性能は産業用マスクと比べると低いので、漏れ込みを少しでも減らせるよう装着法については十分留意すること。

註

(1) 「文化財所管部局を中心とした都道府県内連携体制」とは、各都道府県及び域内市区町村の文化財所管部局や域内の博物館、図書館、文書館、大学、地域資料ネットワーク等が構築している連携体制を指している。文化遺産防災に係る行政組織以外の組織・ネットワークを、本ガイドラインでは「関連組織」とよんでいる。ガイドライン、要綱、要項等をすでに有し、災害時に備えている県、広域連携組織、館種別団体もある。都道府県内ネットワークの一層の拡大・整備には、そのような取り組みも参考となる。

(2) ガイドラインは「基本方針」、マニュアルは「実務的な手順書」と定義する。推進会議活動ガイドライン策定後、ガイドラインに即したいくつかのマニュアルを整備していく必要がある。

(3) 本ガイドラインでは、「指定・未指定にかかわらず、地域の歴史を物語る、後世に伝えていくべき大切な文化的所産及び自然の所産」という意味で「文化遺産」の語を用いている。ただし、指定文化財と対比的に用いる必要がある場合には「未指定文化財」の語を用いている。

(4) 歴史的建造物とそのなかに所在する資料、史跡名勝天然記念物に付随している遺物、無形文化財と関連する道具類、生業民具と自然史資料などは、相互に深く関係しており、現状把握や対策のためには関連組織の連携が必要となる。たとえば「被災した歴史的建造物のなかに水損した古文書、美術品、民具が大量に残されている」というおおよその情報だけでも、資料の緊急避難等を検討する推進会議参画団体等には参考になる。

(5) 具体的には、絵画、彫刻、工芸品、書跡、典籍、古文書、考古資料、歴史資料、有形民俗文化財、自然史系資料、公文書、図書館の所蔵資料における希少資料（地域資料や特殊コレクションなど）である。

(6) 参画団体幹事及び幹事会事務局は、これら推進会議参画団体に指示を出す立場にはない。活動の中心は情報共有であり、参画団体幹事会から推進会議参画団体に働きかけがあるとしても、それはあくまで打診ないし任意の要請である。

(7) 災害発生後、文化財所管部局の職員が忙殺され、連絡等の余力がない場合、あるいは文化財所管部局が域内の未指定文化財の被害を把握していない場合は、幹事会事務局は、域内の関連組織に問い合わせる。域内の統一的なネットワークができていない都道府県については、複数の関連組織に問い合わせる必要がある。関連組織については、註1に記載。

(8) 過去に文化財レスキューに取り組んだ団体が外部組織に対して望むのは、アンケートの回答や報告書によれば、情報の収集・集約・共有、連絡調整に加え、専門家の派遣、保管場所・冷凍施設・作業場所の確保、設備・資機材に係る支援、

経費の支援等である。これについては全国的な規模での取組が必要であり、国、地方公共団体、民間の関連機関とともに検討していく。

(9) 東北地方太平洋沖被災文化財等救援事業の要項及びスキームについては下記サイトを参照のこと。

　http://www.bunka.go.jp/earthquake/rescue/index.html

(10) この管理基準は、2021 年 2 月 18 日に制定された「川崎市市民ミュージアム館内環境の浮遊カビに係る維持管理規準」（監修/NPO 法人カビ相談センター　作成/川崎市市民ミュージアム）を参考にして、国立文化財機構文化財防災センター、東京文化財研究所が作成したものである。作成にあたっては NPO 法人カビ相談センターの助言を得た。

(11) 厚生労働省が定める国家検定に合格した使い捨てかつ固体粒子対応の産業用マスクには、DS 3、DS 2、DS 1 の三つの区分があり、数字が大きくなるに従って粒子捕集効率は高くなるが、その分呼吸もしにくくなる。防じん性能の高いマスクやその他の防護具については「浮遊カビ等からの人体の防護に関するマニュアル」を参照のこと。

(12) 本マニュアルは、2021 年 5 月 18 日に制定された「川崎市市民ミュージアム　カビの防護に関するマニュアル」（作成/川崎市市民ミュージアム、助言/NPO 法人カビ相談センター）を参考にして、国立文化財機構文化財防災センター、東京文化財研究所が作成したものである。作成にあたっては NPO 法人カビ相談センターの助言を得た。

(13) 厚生労働省が定める国家検定に合格した使い捨てかつ固体粒子対応の産業用マスクには、DS 3、DS 2、DS 1 の三つの区分があり、数字が大きくなるに従って粒子捕集効率は高くなるが、その分呼吸もしにくくなる。防じん性能の高い産業用マスクについては、次ページ以下で説明を加えている。

(14) 日本産業規格に適合した不織布マスクについては p.179 を参照のこと。

(15) DS 1 マスクは規格上 80% 以上の粒子捕集効率を持つが、この数値は空力学質量中位径 0.3 μm（数量中位径では 0.08 μm）に対してのものであり、2 μm の粒子については 98% 捕集する。下記サイトには欧州の規格に関する捕集効率のグラフが掲載されている（p.19）。https://www.palas.de/file//q95225/application/pdf/Dr.+Schmalz_Dr.+Haep_Palas+AFiS+2020.pdf+%282%29.pdf（2022.1 参照）

(16) https://www.ncbi.nlm.nih.gov/pmc/articles/PMC 126767/（2022.1 参照）

(17) 平成 17 年 2 月 7 日付の通達「防じんマスクの選択、使用等について」に関しては、厚生労働省ホームページ内のサイトを参照のこと。
　https://www.mhlw.go.jp/web/t_doc?dataId=00 tc 2747&dataType=1&pageNo=1（2022.1 参照）

(18) 環境省ホームページ内のサイトも参照のこと。https：//www.env.go.jp/jishin/at-tach/asbestos_mask-set_v 2.pdf（2022.1 参照）

(19) 専用の機器やツールを用いたフィットチェックが望ましいが、本マニュアルでは継続可能な、簡易な方法のみ紹介する。厚生労働省ホームページ内のサイトを参照のこと。
https：//kanairodo.mhlw.go.jp/worker/harmful/dust_popup 02.html（2022.1 参照）

(20) https：//multimedia.3 m.com/mws/media/1841199 O/comparison-ffp 2-kn 95-n 95-filtering-facepiece-respirator-classes-japanese.pdf（2022.1 参照）
　なお本マニュアルにおけるマスクの性能の記載についてはスリーエム　ジャパン株式会社の助言を得た。

(21)「互いに非常によく似ている」との記載があるが、実際には日本の DS 2、DS 3 と、米国の N 95、N 99、N 100 を流量 40 リットル／分に換算して比較すると呼吸のしやすさの規格値に大きな違いが見られ、DS シリーズの方がより楽な呼吸を要求する規格値となっている（p.178 の表を参照のこと）。

(22) 熱中症対策としては防護具の適切な選択の他、頻繁な休憩と水分の補給、作業環境の改善、作業の中断等が挙げられる。

(23) https：//www.tyvek.co.jp/pap/choice/protection_level/（2022.1 参照）

(24) 本参考資料における産業用マスクの性能の記載についてはスリーエム　ジャパン株式会社の助言を得た。

(25) 一般用マスクのうちの不織布マスクを「サージカルマスク」と呼ぶ例があるが、他方、医療用マスクを「サージカルマスク」と呼ぶ例も見られる。サージカルマスクについては現在統一的な定義がないため本マニュアルではこの語を用いない。CDC は不織布マスクを Medical Procedure Masks と呼んでいる。

資料作成：小谷竜介・甲斐優介

あとがき

　本書は、2020 年 10 月に発足した文化財防災センターの取り組みをとおして導かれた我々が目指す文化財防災のあり方をまとめたものである。美術工芸品ほかの動産文化財を対象とした東日本大震災時の文化財レスキュー事業に端を発して設立された文化財防災センターは、これまで蓄積してきた動産文化財への災害時対応のみならず、建造物や史跡といった不動産文化財、郷土芸能や職人の技術といった無形の文化財を含む多様な文化財を対象に災害に対する文化財の防災を目指している。

　文化財の防災というと、被災した時の対処方法、被害をなくすための防災、あるいは被害をできるだけ軽減するための減災など技術的な側面に目が向きがちである。そうした技術は当然必要であり、我々もそのための技術開発に取り組んでいるところである。と同時に、なにゆえ文化財をまもらないといけないのか、そしてまもった文化財は単にまもられただけの存在なのか。こうした文化財を防災する意義を明らかにし、周知を通して、文化財防災の取り組みを広げていくことも必要であろう。

　文化財を遺し伝えることが文化をまもることになる。文化財の防災・減災をとおして地域自体の防災・減災につながる一連の連環を「災害文化」と呼ぶ。災害文化は、避けられない自然災害の経験の蓄積により醸成されてきたものである。文化財、とくに地域社会で伝えられきた文化財は、災害文化を表すものなのである。それゆえ、文化財を災害からまもることは、地域をまもることにつながるといえよう。

　折しも今年は関東大震災から 100 年となり、改めて文化財の防災

を考え直すよい機会である。本書が、文化財をまもり伝える役割を担う多くの方々の手に渡り、災害も意識した文化財保護の実践に役立てば幸いである。同時に本書が文化財の防災を出発に、文化財保護への関心につながるきっかけになったならば、編者にとって望外の喜びである。

2023 年 1 月 26 日

髙妻洋成　小谷竜介　建石　徹

編著者略歴

[編　者]

髙妻洋成（こうづま　ようせい）　　序章・第3章担当
国立文化財機構文化財防災センター・センター長
京都大学大学院農学研究科林産工学専攻博士後期課程単位認定退学。博士
（農学）。京都芸術短期大学専任講師、京都造形芸術大学専任講師、奈良国
立文化財研究所（現国立文化財機構奈良文化財研究所）埋蔵文化財セン
ター研究員、同保存修復科学研究室長、同埋蔵文化財センター長を経て現
職。同機構奈良文化財研究所副所長と京都大学大学院人間・環境学研究科
客員教授を兼任。
専門は文化財保存修復科学、木材科学、文化財防災。
（主な著書・論文）『分析化学実技シリーズ応用分析編7文化財分析』（共
　　著）共立出版、2018年。『能面を科学する　世界の仮面と演劇』（共
　　著）勉誠出版、2016年など。

小谷竜介（こだに　りゅうすけ）　　第1章・第5章・第6章・資料編担当
国立文化財機構文化財防災センター文化財防災統括リーダー
埼玉大学大学院文化科学研究科社会文化論専攻修了、東北歴史博物館、宮
城県教育庁文化財保護課を経て現職。
専門は日本民俗学、文化財防災。
（主な著書・論文）「地域をつくる民俗文化財」『継承される地域文化─災害復
　　興から社会創発へ』日髙真吾編（共著）臨川書店、2021年。「文化財
　　の多様なまもり方─民俗芸能に引き寄せられた人たちのコミュニティ」
　　『文明史のなかの文化遺産』飯田卓編（共著）臨川書店、2017年など。

建石　徹（たていし　とおる）　　第2章・終章担当
国立文化財機構文化財防災センター・副センター長
東京学芸大学大学院教育学研究科理科教育専攻（文化財科学コース）修了。
博士（学術）。東京芸術大学大学院美術研究科助手（保存科学教室）、文化庁
文化財調査官、奈良県文化・教育・くらし創造部次長等を経て現職。国立文
化財機構東京文化財研究所保存科学研究センター長、同センター修復技術
研究室長を併任。
専門は文化財保存科学、文化財防災。
（主な著書・論文）『特別史跡高松塚古墳発掘調査報告─高松塚古墳石室解
　　体事業にともなう発掘調査』文化庁・国立文化財機構奈良文化財研究
　　所編（共著）同成社、2017年。『動産文化財救出マニュアル』（共著）
　　クバプロ、2012年など。

［執筆者　(五十音順)]

上椙英之（うえすぎ　ひでゆき）　　コラム 6 担当
国立文化財機構文化財防災センター研究員
国文学研究資料館、国立文化財機構文化財防災ネットワーク推進室を経て
現職。
専門は人文情報学。
(主な著書・論文)『宮城県石巻市東福田板碑群調査報告書―ひかり拓本技
　　術の開発と応用―』(共著)東京大学史料編纂所、2022 年など。

甲斐優介（かい　ゆうすけ）　　資料編担当
国立文化財機構文化財防災センター総務担当係長
文化庁、京都国立博物館、奈良国立博物館を経て現職。文化財防災セン
ター運営全般に係る事務を担当。

黄川田　翔（きかわだ　しょう）　　コラム 2 担当
国立文化財機構文化財防災センター研究員
株式会社 YAMAGIWA、国立文化財機構文化財防災ネットワーク推進室を
経て現職。
専門は保存環境、照明工学。
(主な著書・論文)「文化財防災ネットワーク推進事業の現況：関東甲信越
　　地方での活動状況について」『地方史研究』69-1、2019 年。「美術館・
　　博物館の資料保護に向けた光曝露量の評価方法―染色布を事例に―」
　　(共著)『照明学会誌』100-2、2016 年など。

後藤知美（ごとう　ともみ）　　コラム 5 担当
国立文化財機構文化財防災センター研究員
埼玉県教育局市町村支援部生涯学習文化財課（現・文化資源課）、埼玉県立
歴史と民俗の博物館を経て現職。
専門は民俗学。
(主な著書・論文)「支援施策の変遷と民俗学のかかわり」『日本民俗学』310
　　号、日本民俗学会、2022 年。「排除し繋がる女性たち―ある町並み保
　　存活動をめぐる考察―」『現代民俗学のフィールド』吉川弘文館、2018
　　年など。

小峰幸夫（こみね　ゆきお）　　コラム 4 担当
国立文化財機構文化財防災センターアソシエイトフェロー
公益財団法人文化財虫菌害研究所、東京文化財研究所保存科学研究セン
ターを経て現職。

専門は応用昆虫学、保存科学、文化財防災。博士（農学）。
（主な著書・論文）「文化財害虫とその対処—最近のトピックを中心に—」
　　（共著）『月刊文化財』10 月号（709 号）、2022 年。『アレルゲン害虫の
　　はなし—アレルギーを引き起こす虫たち』川上裕司編（共著）朝倉書
　　店、2019 年など。

中島志保（なかしま　しほ）　　第 4 章担当
国立文化財機構文化財防災センター研究員
奈良文化財研究所埋蔵文化財センターを経て現職。
専門は文化財防災。
（主な著書・論文）「文化財防災に関わる地域の連携体制構築」（共著）『文
　　化財保存修復学会第 44 回大会研究発表要旨集』2022 年。「〔報告〕都
　　道府県地域防災計画における文化財等の保全に関する記載の現状とこ
　　れから」（共著）『保存科学』第 58 号、東京文化財研究所、2019 年など。

中屋菜緒（なかや　なお）　　コラム 7 担当
国立文化財機構文化財防災センターアソシエイトフェロー
奈良教育大学大学院理科教育専修修了、国立文化財機構文化財防災ネット
ワーク推進室を経て現職。
専門は保存科学、文化財防災。
（主な著書・論文）「滋賀・浄土寺所蔵天部形立像の転倒防止に関する研究
　　—シミュレーション解析を利用して—」（共著）『日本文化財科学会第
　　39 回大会要旨集』2022 年など。

水谷悦子（みずたに　えつこ）　　コラム 3 担当
国立文化財機構文化財防災センター研究員
東京文化財研究所保存科学研究センターを経て現職。
専門は建築環境工学・文化財保存科学。博士（工学）。
（主な著書・論文）「プレハブ式高気密高断熱収蔵庫におけるアセトアルデ
　　ヒドの放散挙動の把握と換気量による低減」（共著）『保存科学』第 61
　　号、東京文化財研究所、2022 年など。

鷲頭　桂（わしず　かつら）　　コラム 1 担当
国立文化財機構文化財防災センター主任研究員
福岡市美術館、九州国立博物館、東京国立博物館を経て現職。
専門は日本中近世絵画史。
（主な著書・論文）「素顔の北斎—日新除魔図の世界—」『北斎 HOKUSAI
　　日新除魔図の世界』講談社、2022 年。『新・桃山展—大航海時代の日
　　本美術』（共著）忘羊社、2017 年など。

索　引

にゅうもん だいさいがい じ だい ぶん か ざいぼうさい
入門 大災害時代の文化財防災

2023 年 3 月 31 日発行

編 者	髙 妻 洋 成
	小 谷 竜 介
	建 石 徹
発行者	山 脇 由 紀 子
印 刷	亜細亜印刷㈱
製 本	協栄製本㈱

発行所　東京都千代田区平河町1-8-2　㈱同成社
（〒102-0093）山京半蔵門パレス
TEL 03-3239-1467　振替 00140-0-20618

ISBN978-4-88621-908-4 C1021